悪魔の辞典

The Devil's Dictionary

Toru Nakamura

Illustration by Yunosuke

Based on the idea by
Ambrose Bierce

(YUEISHA)

アンブローズ・ビアスに愛をこめて

16歳のときに、古書店で手に取った一冊の本の衝撃を今でも忘れられない。その本の名は『悪魔の辞典』。1911年にアメリカで出版されたアンブローズ・ビアスの名著である。

様々な言葉の意味を、まったく別の角度から再定義したビアスの『悪魔の辞典』は、辞典という形式を取りながらも、定義という名の鎖に繋がれた言葉たちを解放し、自由を与えたといっても過言ではない。その風刺を利かせた視点やユーモアたっぷりの言い回しが、私の捻くれた性格に拍車をかけたのは無論である。

　本書は偉大なる文筆家、アンブローズ・ビアスの『悪魔の辞典』を原案として、ビアスに魅せられた捻くれ者が作った、新しい『悪魔の辞典』である。語句の選定、意味・用法の記述については、人間の普遍的な滑稽さに加え、現代社会や我が国特有の習慣に対する風刺や疑問点などを軸に、筆者の主観で決めさせていただいた。また、掲載した言葉の多くにはイラストも添えているので、そちらも楽しんでいただきたい。どのイラストも、文章の刺激をより増幅させる絶妙なスパイスとなっているはずだ。

　とはいえ、100年以上前にビアスが解き放った数多の言葉たちを再び鎖に繋ぐ気など毛頭ない。本書を手にしてくださった読者の一人ひとりが「こんな考え方もあるのか」「この言葉は私ならこう定義付けする」というように、一つひとつの言葉について考える機会になれば、幸いである。

［まえがき］　自身の言葉の足りなさを前もって告げることで、批判を避けようとする予防線。

CONTENTS

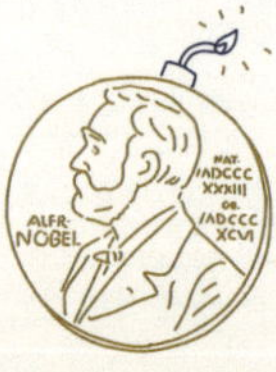

わ Wa 270

ら Ra 247

や Ya 232

ま Ma 209

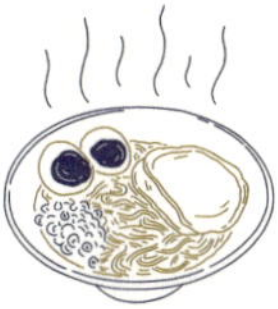

002 まえがき
042 Column 1. 最も人間を殺す生き物とは？
088 Column 2. 人類こそが究極の怠け者である
126 Column 3. 甲子園球場は現代のコロッセオか？
148 Column 4. 悪魔の兵器
166 Ambrose Bierce's Story.1 悪魔の代弁者 ～作られゆく世界観～
208 Ambrose Bierce's Story.2 悪魔の代弁者 ～そのペンは人を貫く～
246 Ambrose Bierce's Story.3 悪魔の代弁者 ～謎に満ちた結末～
276 INDEX
284 あとがき

あ

A

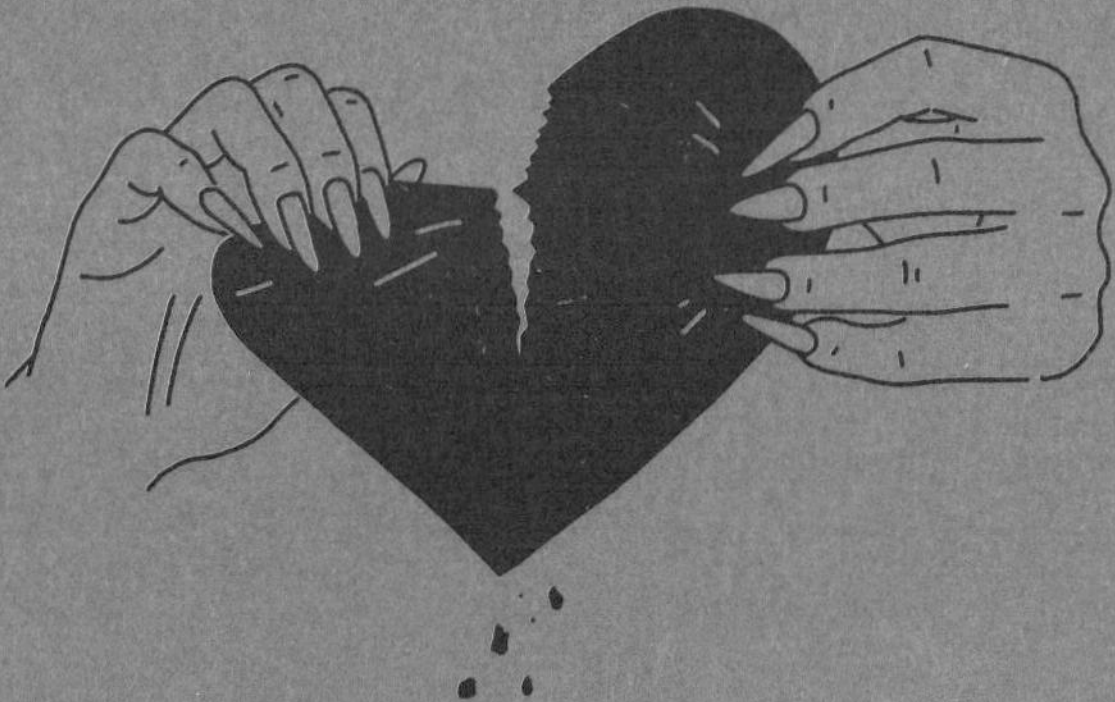

愛

〔あい〕

(一) 人類がもれなく罹る病で、誰かのために命を投げ出してもいいという押しつけがましい思い込みのキザな言い方。

(二) 本辞典のどこを開いても存在しない概念。

愛犬〔あいけん〕

はじめは愛らしいが、時の経過とともに世話が面倒になる人間の玩具。出オチ。

愛情〔あいじょう〕

人と人とを繋ぐ結び目のことで、無理に解こうとすると厄介に絡まる種類の結び方。↓友情

愛人〔あいじん〕

翻って「愛」という言葉がお似合いな関係の相手。

相槌〔あいづち〕

女性との会話で男性が事故を起こさずに済む行為。また、会話中、他のことを考えるためにする首振り運動。

アイデア〔idea〕

盗むもの。または盗まれるもの。

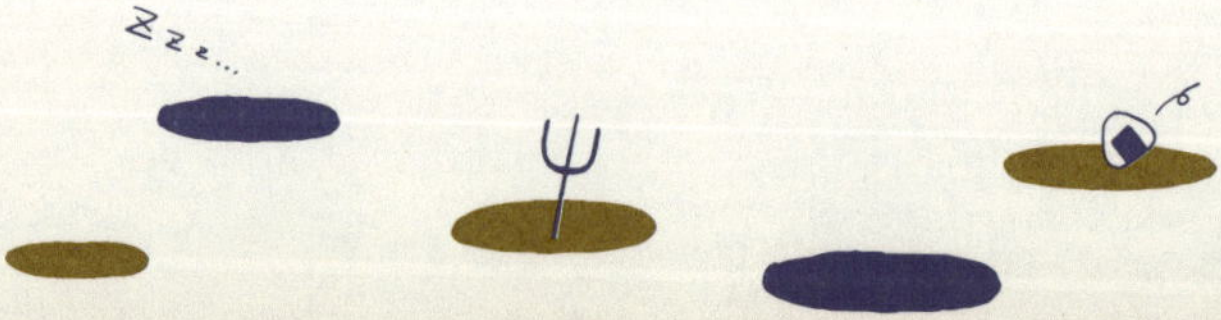

赤字〔あかじ〕

支出の方が収入よりも多いこと。つまりは、自分が損をした分、他の誰かが儲けた証。

赤提灯〔あかちょうちん〕

アルコールという蜜を好むヒト目・酒飲み科・のんべえ属の虫を集める誘蛾灯。

秋〔あき〕

食欲、知識欲などが旺盛になる欲望の季節。↓冬

悪運〔あくうん〕

悪事を働きながらも、その報いを受けず反対に栄えるような運のこと。つまりは、この世にはびこるすべての権力者が持ち合わせているもの。

悪役

〔あくやく〕

物語において魅力的に見える側の役柄。

汗

〔あせ〕

一説には、労働における報酬の対象とされているが、なぜか私は、汗っかきの金持ちを見たことがない。

アンチエイジング

〔 anti-aging 〕

時をかける熟女。

安堵

〔あんど〕

寝坊した朝に電車が遅延することで生まれる心の状態。

安定

〔あんてい〕

尻に敷く力を持った嫁と敷かれる覚悟を持った夫の家庭のように、物事が落ち着いた状態にあること。

意見

〔いけん〕

無能な者が責任の所在を不透明にするために周囲に求める行為。また、周囲から寄せられる無責任な発言。

遺産

〔いさん〕

裕福な人間の遺族を揉めさせて、周囲の人間が愛憎劇を楽しむために用意された大掛かりな仕掛け。

いじめ

他人を貶めることで相対的に自分の価値を上げようとする非合法な市場操作。

椅子〔いす〕

人類の尻に敷かれ、体重を支え続ける影の立役者。文明は彼らの労働意欲によって成り立っている。

いたちごっこ

先行するのは常に悪という、追いついては、追いていかれる悪と正義の終わりなき遊び。

一途な〔いちずな〕

ひたむきに打ち込む様。色恋事に使われることが多いが、顔立ちが端正でない場合、しばしばストーカーと呼ばれる。

一年〔いちねん〕

小学生の感じる永遠、老人の感じる一瞬。

一生のお願い

〔いっしょうのおねがい〕

生涯で一度しか使えないはずだが、実際には何度でも再発行可能な嘆願書。

一身上の都合

〔いっしんじょうのつごう〕

会社を退職する際、本当の理由を言ってしまうと大変なことになるために考案された言葉。

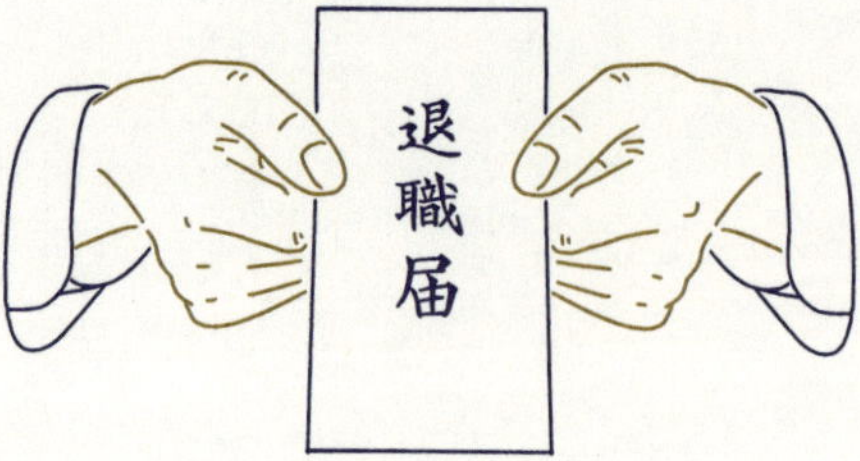

逸材〔いつざい〕

「十年に一人の」と称される人が、なぜか二、三年に一人は出現する稀有な才能のこと。

遺伝子
〔いでんし〕

生まれつき与えられている言い訳の材料。

いびき

自分の方が先に眠りについたことを周囲に知らせるためのサイレン。

衣服

〔いふく〕

人体の保護や装飾のために身につける布。ただし、成熟した女性においては脱ぐため纏うものとされる。

インターネット

〔internet〕

利便性と引き換えに、人類が築き上げてきた文化を一網打尽にする蜘蛛の巣。

引力

〔いんりょく〕

物体と地球、猫と鰹節、政治家と金の間に存在する力のこと。

上

〔うえ〕

数え切れないほど多くの存在により、見れば見るほど気落ちする方向。

↓下

ウエディングドレス

〔 wedding-dress 〕

人生最大の晴れ舞台に女性が着る衣装。せっかく仕立てたことをもったいなく思ったのか、近年では複数回にわたって着用するケースが増えている。

失う〔うしなう〕

そもそもお前の物ではない。

腕時計〔うでどけい〕

時間に縛られることを好む人がつけるアクセサリー。通話やメールのできない携帯電話。

浮気〔うわき〕

「本気」というありもしない言葉に信憑性を持たすためにつくられた言葉。

嘘〔うそ〕

幼少期に覚え、成人になる頃には使いこなすことのできる、神もしくは悪魔によって、万人に例外なく与えられた能力。男よりも女の習熟度が高いとされている。

うろたえる

妻に「ちょっと話があるんだけど」と言われたときの男の挙動。

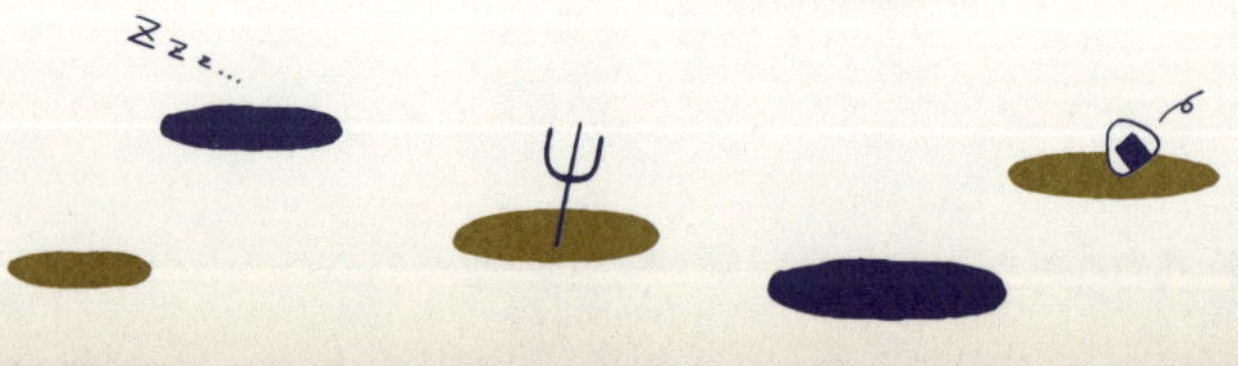

噂《うわさ》

「ここだけの話だけど」という序文、もしくは「いまの話は内緒だよ」という跋文で記された女性から強い支持を得ている物語のこと。

う

運

〔うん〕

何もしていないのに、良いことが起きればときどき褒められ、悪いことが起きれば必ず濡れ衣を着せられる哀れな奴。

運転免許

〔うんてんめんきょ〕

人間の本性を査定するために必要な国家資格。

映画館

〔えいがかん〕

運が良ければ感動を得られ、悪くても睡眠不足を解消できる優良娯楽施設。

永眠〔えいみん〕

文字通り、「永く眠る」ことであり、この状態に陥った者はその後、不眠症にならない。

英雄〔えいゆう〕

(一) 才知に秀で、非凡な事業を成し遂げた人物のこと。
(二) 主に大量殺戮を先導した人たちによる殿堂。

エコロジー〔ecology〕

自分たちだけは自然という枠から外れ、特別な存在だと思い上がった人間によるエゴ。

Sサイズ〔small-size〕

大きい順にL、M、Sで表記された衣類の小さいサイズ。使っている生地の量は少ないが価格は同じ。

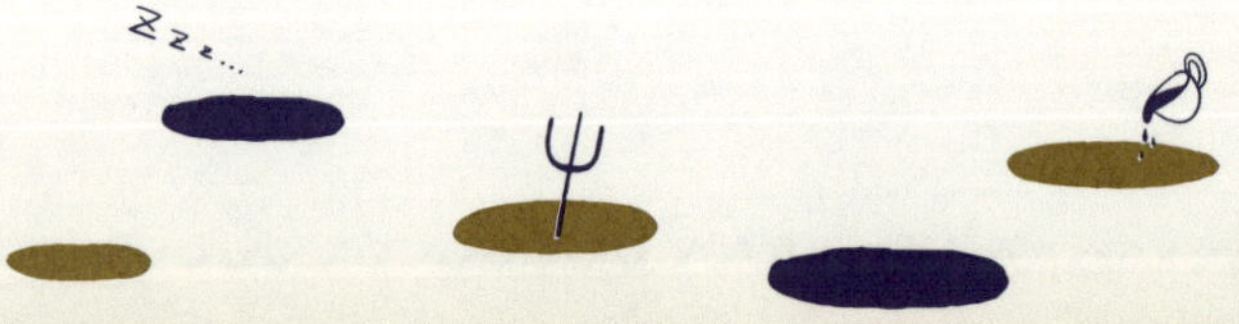

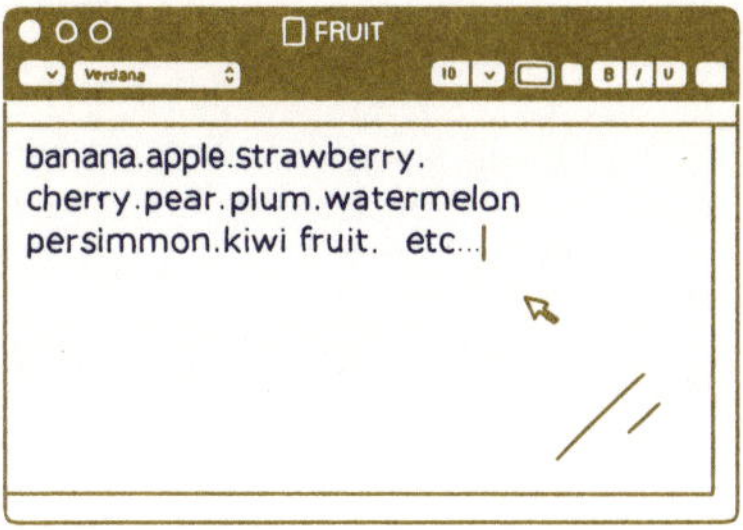

エトセトラ

〔et-cetera〕

「etc.」の表記を使うことで、読者の想像力に丸投げできる便利な記号。

絵葉書

〔えはがき〕

旅行が思いのほか退屈だったとき、その退屈さを悟られないよう精一杯楽し気な文面で送る挿絵付きの葉書。

鰓

〔えら〕

これがないのが、人類が土地を奪い合う理由のひとつ。

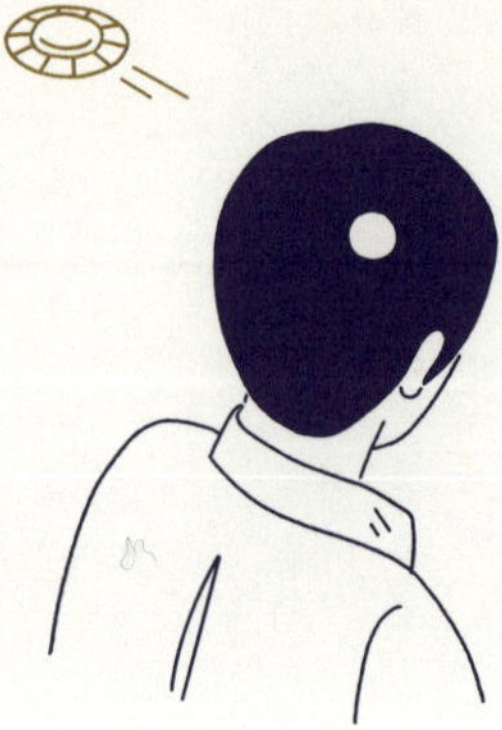

円形脱毛症

〔えんけいだつもうしょう〕

ストレスという名の
宇宙船が降り立った
ミステリーサークル。

閻魔〔えんま〕

死者の配属先を決める人事部長。

尾〔お〕

生物の尻から伸びた部分で、動きによって感情を読み取ることができるため、不機嫌な相手の、特に女性の地雷を踏む可能性を抑制することができる。だが、残念なことに人類は大昔にこれを失っている。

老い〔おい〕

成長の終わりとともに追跡を開始する凄腕のハンター。

王道〔おうどう〕

ありきたりな。↓邪道

おしくらまんじゅう

将来の電車通勤に備えた
リハーサル。

オセロ

〔 othello 〕

電車の座席と同様、角を取りたがる人が好む盤上遊戯。

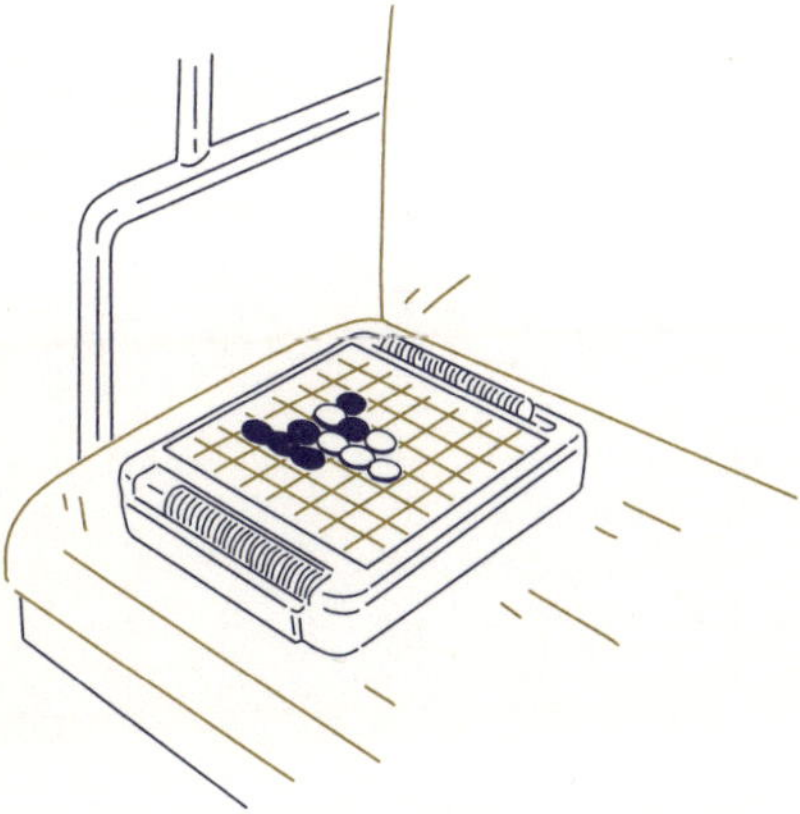

男〔おとこ〕

臆病で、だらしなく、女々しく、いつまでも大人に成りきれない女の片割れ。
→女

帯〔おび〕

本の表紙カバーに付属し、啓蒙的コピーの書かれた腰巻。作品の出来はコピーの長さに反比例する。

お人好し〔おひとよし〕

「間抜け」の柔らかい表現。

おまけ

どちらが主でどちらが従か不明なパラドックスサービス。

おみくじ

当たり障りのない文章のお手本。

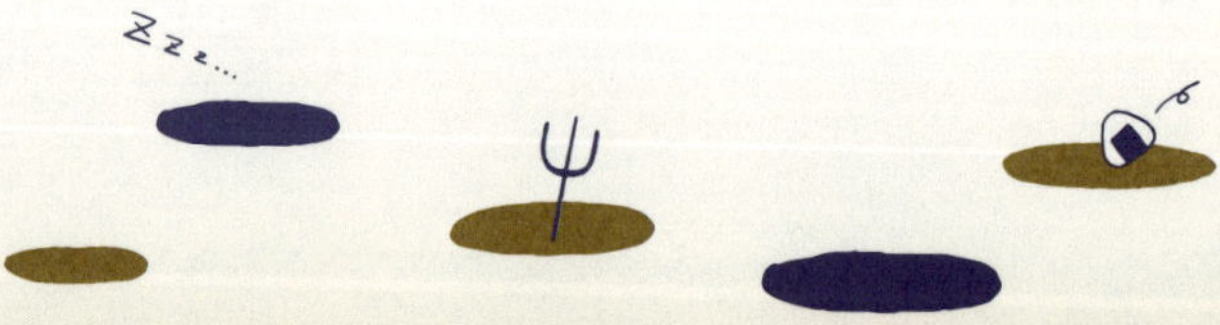

思い出す 〔おもいだす〕

都合の良い様に脚色を加えて。

思い出 〔おもいで〕

「あの頃は良かった」など、過去を美化して現在から目を背けるための回想録。

思いやり予算 〔おもいやりよさん〕

自国を防衛するために、異国の若者に死んでもらえばいいという考えのもと支払われる金銭の通称。

表沙汰 〔おもてざた〕

隠しておきたい悪事が明るみになること。つまりは氷山の一角。

オリンピック

〔 Olympics 〕

四年に一度開催される製薬業界の見本市。

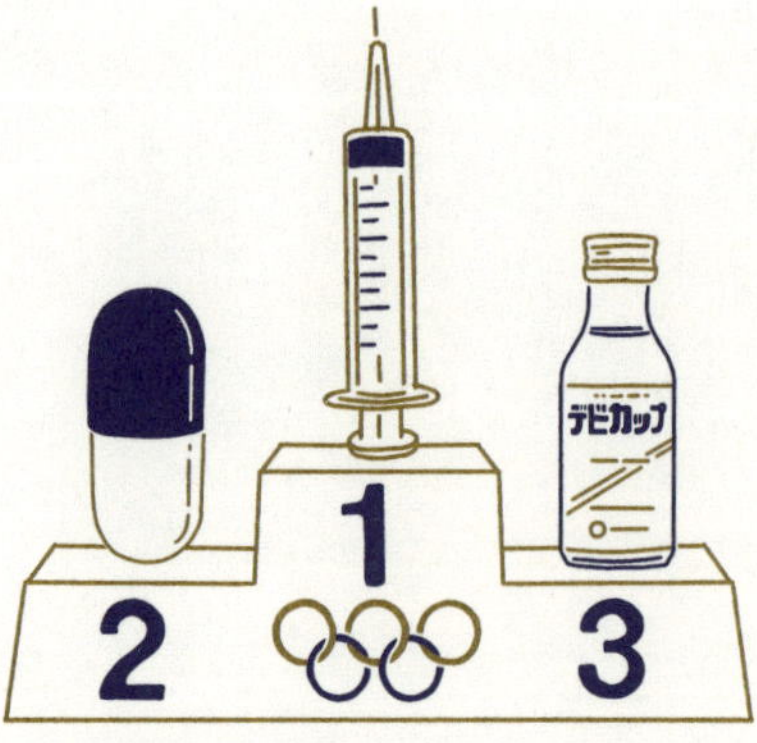

女

〔おんな〕

男の持つ羅針盤をいとも簡単に狂わせる電磁波のような生き物。

↓男

最も人間を殺す生き物とは？

２０１４年にマイクロソフトの創業者ビル・ゲイツが自身のブログ「gatesnotes」において、「一年間で動物に殺される人間の数」のランキングを公表した。それによると２位である人間の約47万５千人を大きく引き離して、１位は蚊という結果だった。その数は約72万５千人だ。主にマラリアなどの病気を媒介することで死をもたらすというのが、蚊によって人間が命を落とす原因である。

インターネット上を中心に話題になったこの結果を見て、米粒ほどの小さな生物によって大量の人間が命を落としていること、なにより人間が１位でなかったことに驚いた人もいるかもしれない。しかし、このランキングで２位だった人間の数字は、戦争など武力行使以外の殺人を対象としている。戦争による死者数は時代によって差が出るため一概には言えないが、第二次世界大戦では軍人と民間人を合わせて５千万〜８千万人の死者が出たとされている。一度世界大戦が起これば、まさに桁違いだ。身近なところでも年間の交通事故で１２５万人が、自殺者数で80万人が死亡している。

これらの数字に目を向けず、人間を最も殺す生物を蚊だと言い切ってしまってよいのだろうか。

悪魔の辞典

The Devil's Dictionary

か

Ka

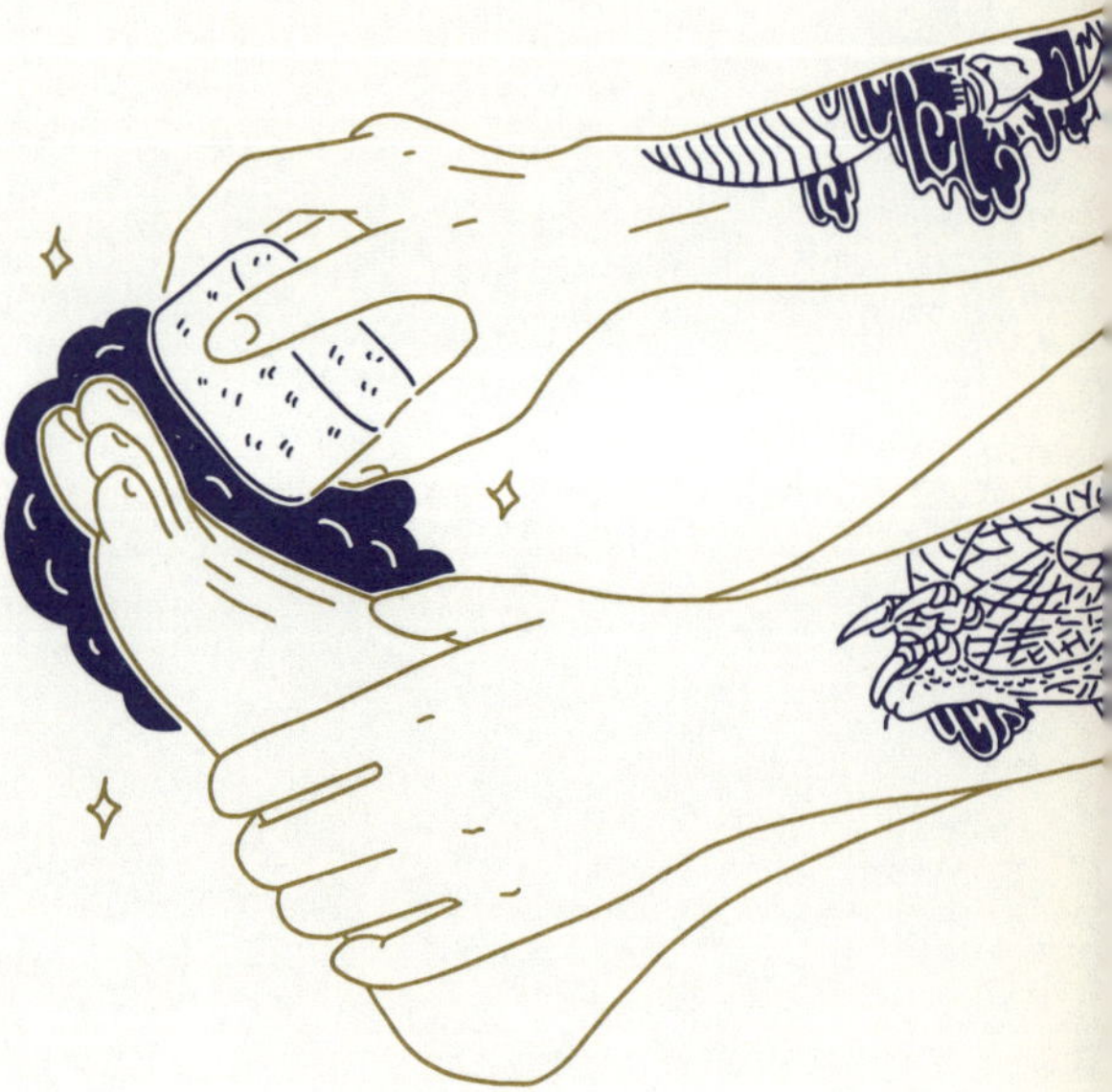

改心

〔かいしん〕

悪事に手を染めた者が再び真っ当に生きようとすること。ただし彼らは足を洗うばかりで、その手は未だ黒く汚れたままである。

蛙

〔かえる〕

人間から見たときに醜い生物の代表として筆頭に挙がる両生類。ただし、蛙をはじめ多くの生物の視点から見れば、醜い生物はダントツで人間である。

家屋

〔かおく〕

路上に陳列された盗人たちへのショールーム。

かき氷

〔かきごおり〕

水を凍らせて削ったものにシロップを掛けただけのものを、数百円で販売する夏祭り限定の錬金術。

核兵器

〔かくへいき〕

死神の落とし物。20世紀以降、拾い主はしばしば現れるが届け出る者は現れていない。

確率

〔かくりつ〕

今回のミスを分母の加算で薄めようとする思考法。

駆け落ち

〔かけおち〕

お金持ちのお嬢さんが家族を怒らせるためにする似非ロマンス。

過去

〔かこ〕

飢えと暴力が支配していた無秩序の時代。↓現在

火星

〔かせい〕

毎度、宇宙人隠匿の濡れ衣を着せられる惑星。

仮説

〔かせつ〕

「だったらいいな」という願望に基づく架空の理論。

河川

〔かせん〕

嫌いな奴に会わなくて済むように、創造主が思慮深く用意してくださった水路。

学校
〔がっこう〕

生まれつき持っている無限の考える力と引き換えに、少しばかりの知識を授けてくれる矯正施設。

家庭
〔かてい〕

最も身近で、頻繁に紛争の行われる場所。

株式公開
〔かぶしきこうかい〕

会社を乗っ取られる前段階。

甲虫
〔かぶとむし〕

夏に成虫として発生し、田舎では雑木林、都会ではデパートで手に入れることができる子どもに人気の昆虫。

壁
〔かべ〕

心の内に築かれた困難のこと。簡単に乗り越えさせないために高く、厚く作られているが、この手の建築を手掛けているのは自分自身である。

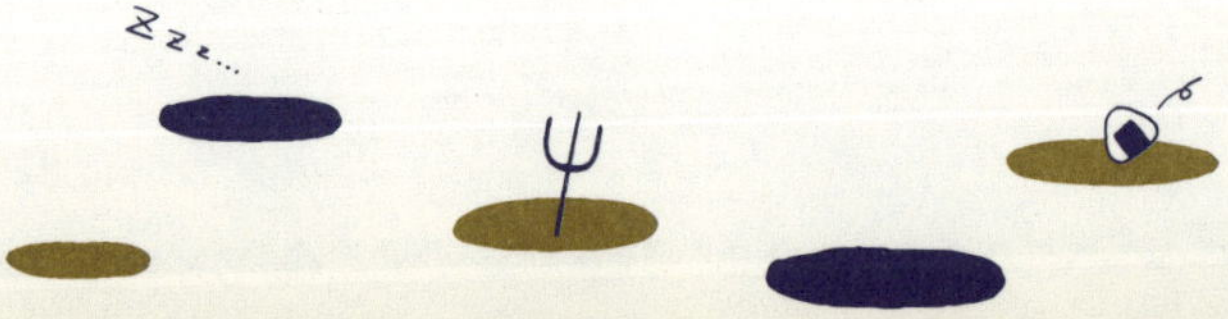

神頼み〔かみだのみ〕

日頃、大して祈ってもいない者が困ったときだけ神の力を借りようとする我儘行為。

可愛い〔かわいい〕

主に若い女子によって「これを可愛いって言う私って可愛いでしょ」と周囲にアピールするために使われる言葉。対象が実際に可愛いかどうかは定かでない。

完成度の高い〔かんせいどのたかい〕

伸びしろのない。

カラオケ〔Karaoke〕

歌でお金を取れない連中がお金を払って歌いに来る閉鎖空間。

感謝〔かんしゃ〕

他人がしてくれた善行で、お返しが容易な範囲の場合に抱く感情。許容範囲を超える場合は、煩わしさが先行する。

完璧主義

〔かんぺきしゅぎ〕

最高の焼け具合を目指すあまり、いつまでもオーブンからチキンを出せず、最終的に焦がしてしまう様。

記憶

〔きおく〕

強く頭を打つ、過度にアルコールを摂取する、政治家になるのいずれかで失うことができるもの。

帰国子女

〔きこくしじょ〕

性格形成において重要なティーンエイジャーの期間を異文化で過ごした変わり者。

ぎこちない

中学一年のフォークダンスのように、動作や話し方などが滑らかでない様。

議席

〔ぎせき〕

議員が座るメイド・イン・税金の椅子。なかなか手放そうとしないところから察するに余程、座り心地が良いと思われる。

帰巣本能

〔きそうほんのう〕

犬や泥酔者にまで備わった方位磁石。

期待

〔きたい〕

親が子に背負わせる砂袋入りのリュックサック。

喫煙者

〔きつえんしゃ〕

寿命を削って税金を
払う愛国者。

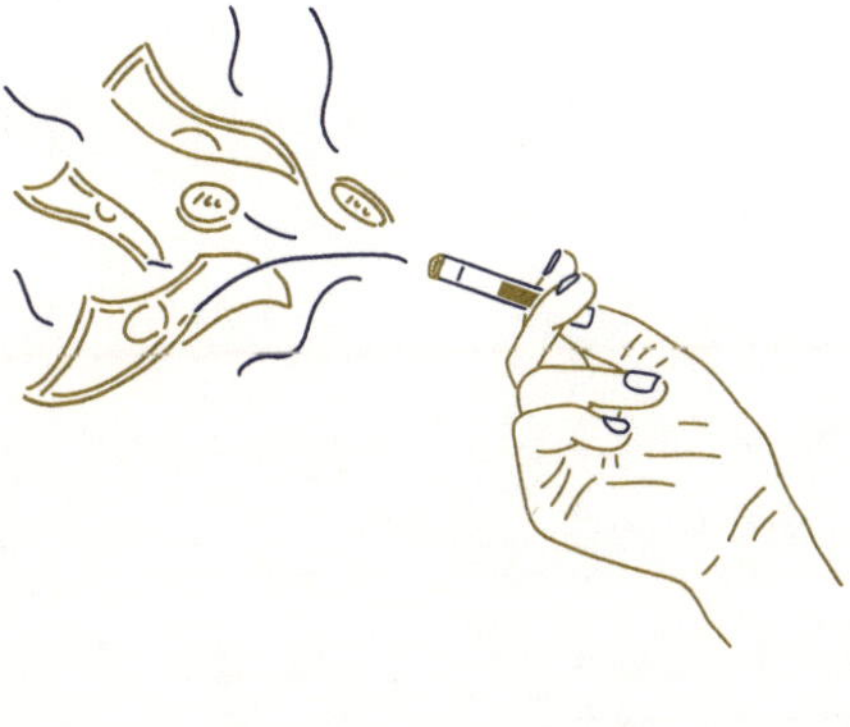

着物〔きもの〕

着脱しづらく機動力にも劣る、伝統をまとった重い鎧。

逆張り〔ぎゃくばり〕

天邪鬼的思考法。

喫煙ルーム〔きつえんるーむ〕

喫煙者が好んで入る毒ガス室。多くの場合、ガラス張り構造になっており、その様子は周囲に晒される。

脚色〔きゃくしょく〕

話を面白くするためなら、有を無に、無を有にしても構わないという考え方から生まれた嘘。

客観視〔きゃっかんし〕

世の中の不合理ばかりがみえてしまう覗き穴。

キャバクラ嬢

〔きゃばくらじょう〕

ネオンの鱗粉を振り撒いて幻惑し、
客の懐から黄金の蜜を吸う夜の蝶。

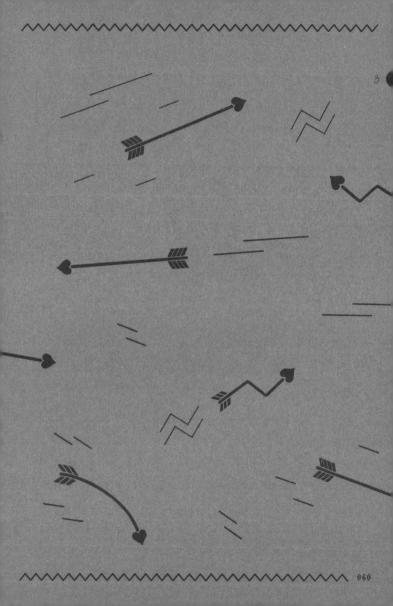

キューピッド

〔Cupid〕

恋なる病を媒介し、
撒き散らすトラブルメーカー。

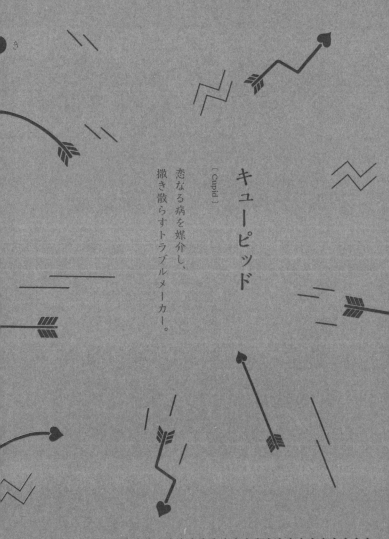

教師

〔きょうし〕

「先生」と呼ばれる中で、最も軽易に資格を得ることのできる職業。若い頃から生徒はもちろん、その親にまで「先生」と呼ばれ、思い上がった教育者の集団。

き

距離

〔きょり〕

始点と終点、国民と政治、理想と現実の間にできる隔たりのこと。

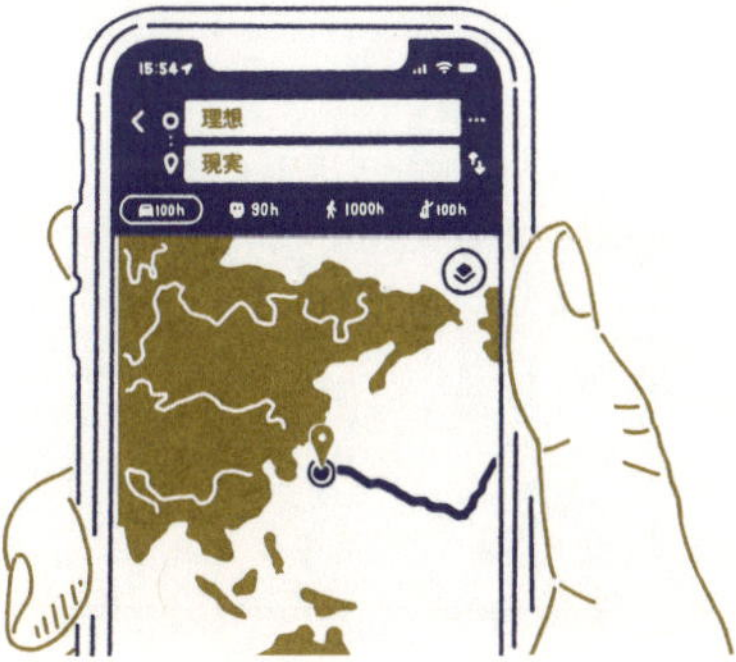

禁煙〔きんえん〕

家族の前など、限られた場所では我慢し、それ以外の場所で煙草を楽しもうとする行為。

金銭〔きんせん〕

中流階級以下にとっては、働いて僅かを得て、生活と引き換えに奪われるもの。上流階級にとっては、それ自体が勝手に増えて使いきれないもの。

空気〔くうき〕

おおよそ窒素8割、酸素2割からなる気体。かつては吸えば生きていけたが、今日では読めないと生活に支障をきたす。

苦境〔くきょう〕

政府が国民に事実を隠そうとしたときに見られる苦しい立場のこと。

鯨

〔くじら〕

近年、保護の傾向が強まっているが、変わらない吸引力で大量の魚を食べ尽くす唯一の水生動物。

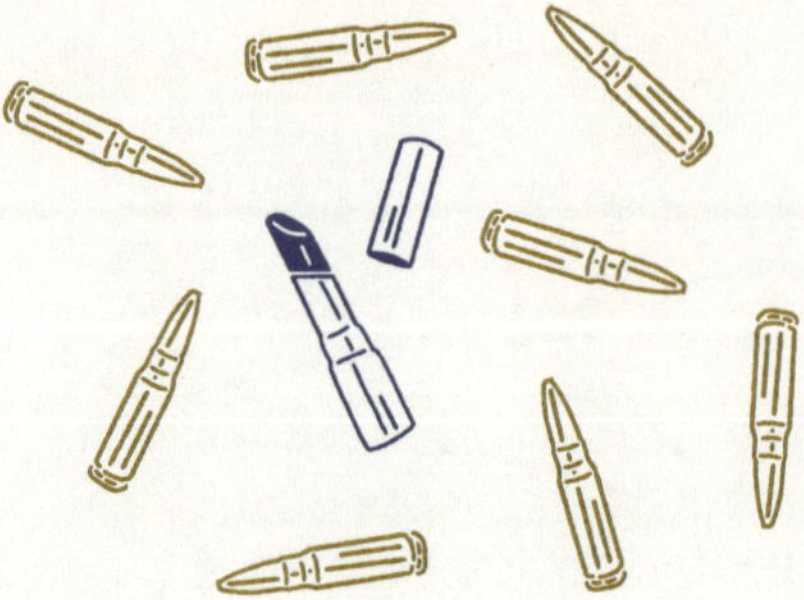

口紅〔くちべに〕

修羅場への道順をマーキングするために女が使う筆記用具。
女のポーチに入った銃弾。

グレーゾーン〔gray-area〕

金か権力を持ち合わせていれば白、そうでない場合は黒という曖昧な領域。

苦労〔くろう〕

肥えた老人たちが奴隷を獲得するために、若いうちに経験しておくよう推奨されている人災。

グランドピアノ〔grand-piano〕

88の鍵盤からなる豪邸の象徴。

黒〔くろ〕

すでに染まってしまった。

↓白

クローゼット〔closet〕

衣類、家具、間男を入れるために設置された収納スペース。

クローン

〔clone〕

生物のコピー＆
ペースト。

黒猫
〔くろねこ〕

かつては不幸を運んでくるといわれた黒い毛の猫。現代では、トラックで荷物を運んでくる。

軍事基地〔ぐんじきち〕

死神の遊園地。

毛〔け〕

金銭と引き換えにしてでも、男が頭に植え、女が体から抜き去りたい糸状の角質形成物。

計画〔けいかく〕

どんなことにおいても一度は立ててみるが、夏休みの宿題の予定のように、結局はすぐに崩れ去ってしまう砂の城。

経験者〔けいけんしゃ〕

手垢のついた。

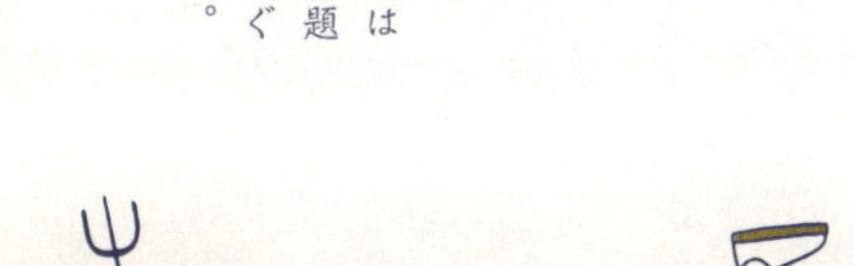

警察官

〔けいさつかん〕

あなたの払った税金で雇われた、あなたの粗を探し拘束しようとする者。

け

軽自動車

〔けいじどうしゃ〕

税金の安さを理由に、田舎の貧乏人が好んで乗る黄色い札をつけた車両。

刑務所
〔けいむしょ〕

罪人たちの集合住宅。
三食付き。

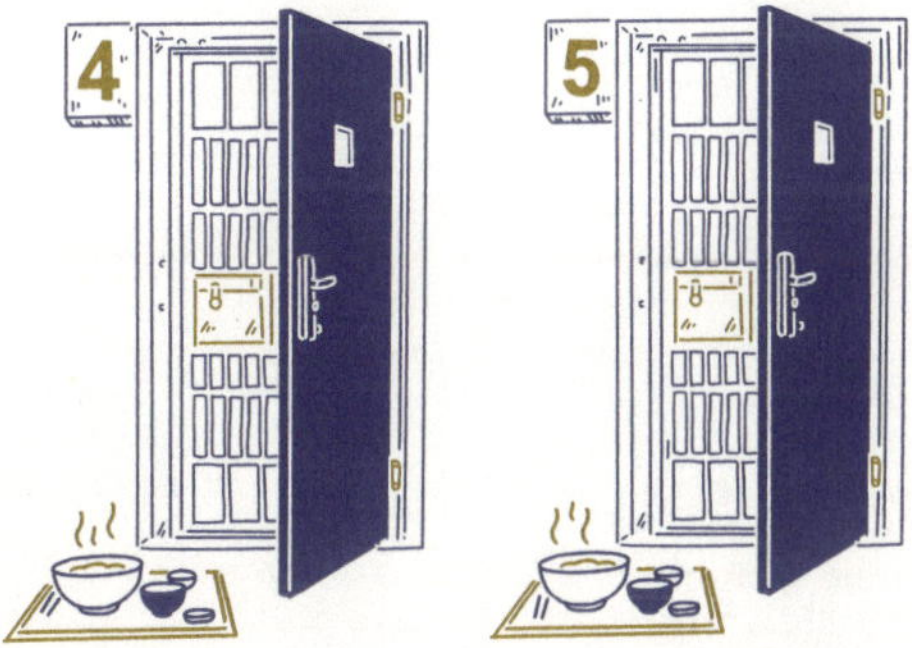

啓蒙

〔けいもう〕

無知の人に知識を与え、正しい考え方をするように教え導くこと。正しい考えとは自分にとって都合の良い考えであることは言うまでもない。

契約書

〔けいやくしょ〕

作成した側が有利になるように、重要なことをわかりづらく書いた書類。

化粧

〔けしょう〕

思春期以降の女が好んでする、顔面をキャンバスにした絵画。

血液型性格分類

〔けつえきがたせいかくぶんるい〕

複雑極まりない人間の性格をあろうことか4つの分類で済まそうというぞんざいな考え。

結婚

〔けっこん〕

夢の終わり。
現実のはじまり。

↓離婚

結婚情報誌

〔けっこんじょうほうし〕

女性が書店で購入することのできる結婚をためらう男に向けた分厚い脅迫状。男が自ら見つけられるように机の上などに、そっと置いておくのが通例。

結石

〔けっせき〕

女でもクリエーターでもない男が、産みの苦しみを体験できる唯一の方法。

決心

〔けっしん〕

何かをやろうと心で決めること。実際に行動に移すこととは区別されており、本当にやろうとしたときはすでに手遅れになっている。

幻影

〔げんえい〕

実際には存在しないものを存在すると錯誤すること。人生の意味を考える者が追いかけているものの正体。

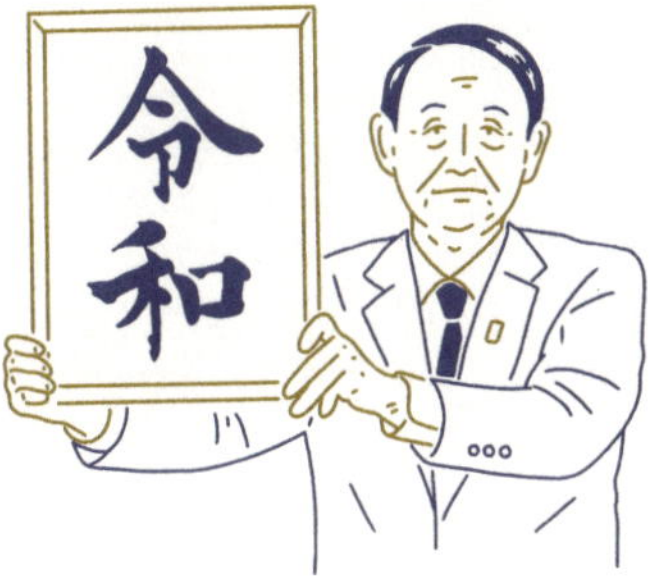

元号

〔げんごう〕

時間の支配をしようとする愚かな発想。

現在〔げんざい〕

金銭と情報に支配される抑圧の時代。↓未来

検索〔けんさく〕

現代人の頭脳の預け先。

限定〔げんてい〕

そもそも大した数を売ることのできない物に対して上乗せするプレミア感のこと。

語彙力〔ごいりょく〕

「マジか」「やばい」「ウケる」などの台頭により必要とされなくなった知性の亡骸。

合意〔ごうい〕

不満、妥協、諦め、圧力の総和。

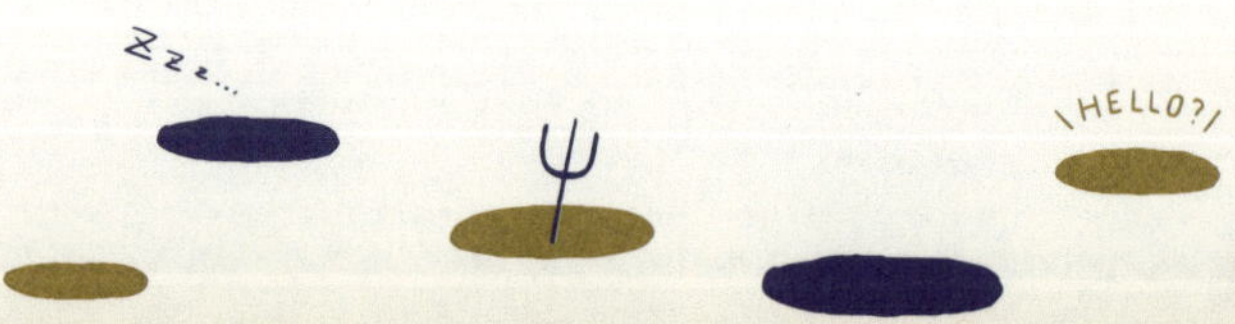

硬貨

〔こうか〕

懐の寒さを重みによって温めようとする企てのために用意されたコイン。

後悔

〔こうかい〕

恋人の携帯電話、もしくは
機を織る鶴の部屋を覗いた
あとに、湧き上がる気持ち。

こ

甲子園

〔こうしえん〕

エリート青年坊主たちの集合場所。彼らは年に二度集まり、土を持って帰る。

コーヒー

〔coffee〕

味覚が衰えた大人が
好んで飲む、苦い汁。

国会議事堂
〔こっかいぎじどう〕

狐と狸が化かし合う見世物小屋。

コミュニケーション
〔communication〕

相手の機嫌を損ねないためにだけに行われる毒にも薬にもならない会話。

互換性のない
〔ごかんせいのない〕

企業競争の概念を履き違えたユーザーへの迷惑行為。

ゴミ箱
〔ごみばこ〕

価値のないもの、不要なものを入れるための器。広義では地球。

顧問
〔こもん〕

学校の部活動においては、無報酬、休日返上で生徒を引率する役目。企業においては、ろくに働かずに高額の報酬を受け取る役職。

雇用主

〔こようぬし〕

従業員の稼ぎの上前をはねることを生業とした吸血鬼。

婚姻届〔こんいんとどけ〕

離婚届を出すために必要な書類。

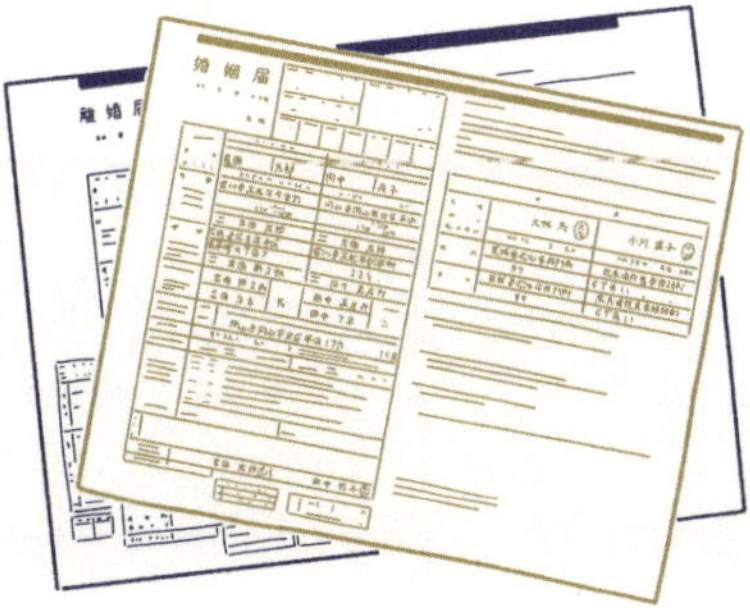

人類こそが究極の怠け者である

ほとんどの人間は怠け者である。誰だって、できれば働きたくないし、努力もしたくない。だけど、お金は欲しいいし、いろいろなことができるようになったり、異性にモテたりはしたい。本音ではそう思っているはずだ。大半の人たちが自らを律することに長けているのであれば、あの手この手のダイエット方法がこんなにも流行ったりはしないだろう。

これは人間だけでなく、他の生き物にも言えることかもしれない。動物も狩りなどをする以外のときは、なるべくじっとして体力を温存している。人間に喩えるなら休日に家でゴロゴロしているようなものだ。

ただし、人間は自分が楽をするためであれば、それに向かって努力できるという特性を持ち合わせている。毎日の洗濯をしたくないがために洗濯機、掃除をしたくないからと掃除機、歩きたくないからと自動車を発明した。しかも近年ではそれらに加え、キャッシュレスや音声認証など、お金を持ち歩いたり、ボタンを押したりする行為まで自動化が進んでいる。

怠け者と勤勉者は紙一重。人類は楽を求めて、これからも努力を続けるに違いない。

さ

Sa

サービス残業

〔さーびすざんぎょう〕

資本主義経済の申し子。

再婚

〔さいこん〕

前回、辛くも危機を脱した主人公が再び難事件に挑むサスペンス映画の続編。

賽銭

〔さいせん〕

ご利益を願って捧げる金銭のこと。神や仏も前金主義のようである。

財布

〔さいふ〕

紙幣に着せるドレス。ただし、どれだけ着飾っても紙幣の価値は上がることはない。

逆上がり

〔さかあがり〕

文化系の少年が最初に味わう挫折。

桜

［さくら］

春の訪れを告げる代表的な花。また、酒好きが、飲酒の理由にする花。

鎖国

〔さこく〕

1639年から我が国が採用していたリアル浦島太郎政策。

サッカー

〔soccer〕

足でボールを蹴りながら、手で相手のユニフォームを引っ張り合う、紳士の国発祥のスポーツ。

サプライズ〔surprise〕

他人に感動を強制する不意打ち行為。

殺人〔さつじん〕

戦争で行えば英雄。日常で行えば重罪人。

猿〔さる〕

人間の祖先とされる生物だが、群れてボスをつくり、食と性を貪る性質から見ても、犬と仲良くできる程度の相違点しか見当たらない。

産業革命〔さんぎょうかくめい〕

18世紀後半に大多数の人間から応用力を奪い去った技術革新。

参考書〔さんこうしょ〕

社会に出てから必要なこと以外の大抵が掲載された図書。

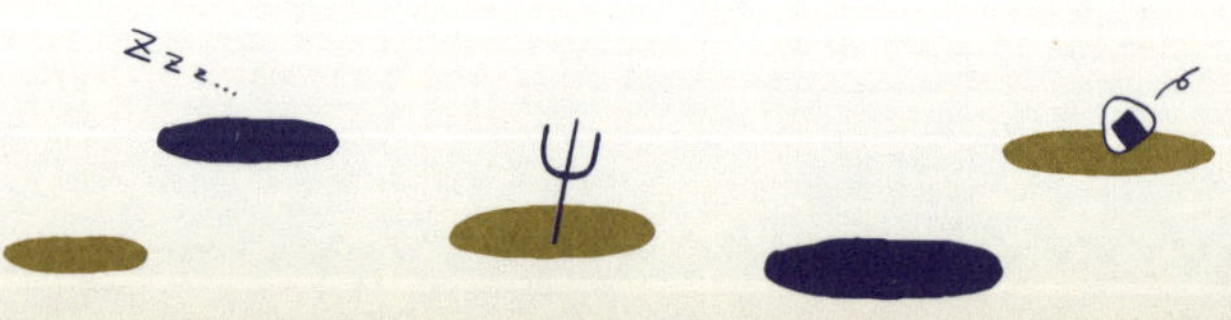

サンタクロース

〔 Santa Claus 〕

クリスマスに父親が子どもに贈るプレゼントに対する功績を横取りする赤い服を着た老人。

三年〔さんねん〕

結婚相手を愛おしく思える限界年数。

死〔し〕

生物共有の終着点。

自衛隊〔じえいたい〕

我が国が誇る拘束衣を着た軍事集団。

地獄〔じごく〕

家庭の別名。

資産運用〔しさんうんよう〕

自分で金銭を稼ぐ能力のない者が、他人にお金を預けて増やしてもらおうという丸投げビジネス。

し

下〔した〕

安堵、哀れみ、優越感を味わうために向く方向。
↓上

嫉妬〔しっと〕

中高年の「近頃の若い奴は」の根源にある感情。また、男女間の好意を持っている相手にのみ、持ち合わせてほしいと思う感情。

失敗談〔しっぱいだん〕

周囲の人に人気のある話のネタ。常に新作を期待されている。

辞典〔じてん〕

インターネットが普及した現代においては、漬物石にするには軽すぎ、枕にするには硬すぎる紙束。ただし、言葉の意味を多角的に読み解くために作られた本辞典においては、その限りでない。

自伝〔じでん〕

成功者の自慢話。

自動販売機

〔じどうはんばいき〕

温かさと冷静さを兼ね備えた、我が国で一番の勤労者。

死亡届

〔しぼうとどけ〕

出したくても自分では出せない公的書類。

〆切

〔しめきり〕

相手が守らないことを見越して余裕を持って伝える期限。ただし、相手も余裕を持って伝えられていることを知っているため、結局のところ守られはしない。

指紋

〔しもん〕

万人の指先にある「私が犯人です」と記されたスタンプ。

社交辞令
〔しゃこうじれい〕

大人同士が交換し合う、マナーでラッピングされた中身のないプレゼント。

ジャケ買い
〔じゃけがい〕

ジャケット買いの略。内容を知らない状態で外見だけを見て買うこと。つまりは選挙の際に大半の人が投票者を決める基準と同じ。

邪道
〔じゃどう〕

真っ向からでは敵う実力を持ち合わせていない。↓王道

しゃぶしゃぶ

肉の旨味を洗い落として食べる鍋料理。

し

就職〔しゅうしょく〕

社会の歯車になること。

終戦〔しゅうせん〕

厳密には空想の世界にだけある言葉。現実世界ではせめて停戦もしくは休戦というべきである。↓停戦

絨毯〔じゅうたん〕

どんなに立派なものでも踏みつけられることを厭わない、人類が見習うべき精神の持ち主。

十六〔じゅうろく〕

出版編集者を縛る悪魔の数字。

授業〔じゅぎょう〕

学校の教室で流れる五十分間の子守唄。

主題〔しゅだい〕

作者に会ったことも話したこともない出題者から投げかけられる「作者の伝えたいことは何か？」という理不尽な質問で、大抵の場合は出題者の解釈の強要。

寿命〔じゅみょう〕

一度しか巻くことのできないゼンマイ式時計。保証なし、返品不可。

小説〔しょうせつ〕

絵も音も付いておらず時代遅れではあるが、何十年も前に追い越された漫画をサブカルチャー扱いし、自身はメインカルチャーを気取る未だ一流のプライドを持つ娯楽。

女優〔じょゆう〕

嘘が得意な女の中でも、とりわけその能力に秀でた騙しのエキスパート。

白

〔しろ〕

何色にでも染まる。

↓黒

慎重

〔しんちょう〕

度胸のない。

↓勇敢

新入社員

〔しんにゅうしゃいん〕

授業料を払うどころか、こちらが金銭を与えてやらねばならない生徒のこと。

新聞

〔しんぶん〕

洗剤などを配る営業を使い、もはや新しくもない情報を売るメディア。

睡眠薬〔すいみんやく〕

睡魔なる魔物を呼ぶための薬品だが、用法・用量を誤ると自分が魔界へ行くことになる。

推理小説〔すいりしょうせつ〕

残りのページ数で犯人の推理が可能な娯楽作品。

図々しい〔ずうずうしい〕

他人に迷惑をかけても平気な人のこと。該当者はこれを受け入れてくれるお人好しを見つけるのも上手い。

スギ花粉〔すぎかふん〕

(一) 年に一度、人々を苦しめるアレルギー物質。
(二) マスク業界、製薬業界に特需をもたらす黄金の粉。

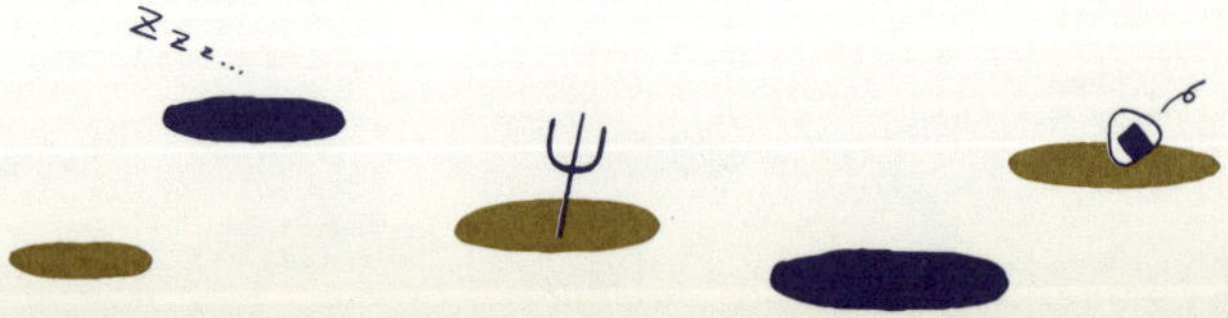

ストーンヘンジ

〔 Stonehenge 〕

古代人の積み石遊び。

スピーチ

〔speech〕

女性のスカートと同様、
短い方が良いとされる
些末な話。

スポーツジム

〔 sports gym 〕

ハムスターを見飽きた神様が用意した人間用の回し車の設置場所。

スマートフォン

〔smartphone〕

所有者というストラップの付いた高性能な携帯電話。

HAWAII
JAPAN

相撲

〔すもう〕

日本発、ハワイ経由、モンゴル行きの国技。

正義
〔せいぎ〕

玉虫色の道理。

税金
〔ぜいきん〕

役人にとっての打ち出の小槌。

成功
〔せいこう〕

失敗というラベルの付いた濁り酒の上澄み。

制約のない
〔せいやくのない〕

秩序のない。

世界地図
〔せかいちず〕

美しい惑星である地球に国境なる醜悪な線を引いた図面。

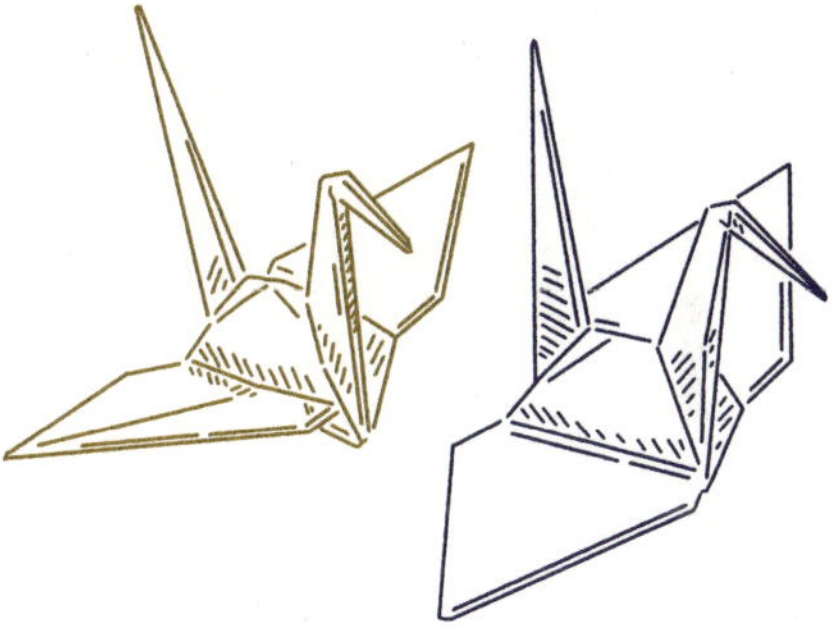

世界平和

〔せかいへいわ〕

人類が神に祈る
無理難題。

責任〔せきにん〕

かくれんぼの世界王者の名前。

赤面する〔せきめんする〕

人間にのみ与えられた表情の変化。ただし人間以外にこれをする必要のある生き物はいない。

セクシャルマイノリティ〔Sexual minorities〕

性別という名の議会における野党。

世間〔せけん〕

ハンマーを振りかざして、誰かのミスを見つけると一斉に叩きまくる集団モグラ叩きのプレイヤー。

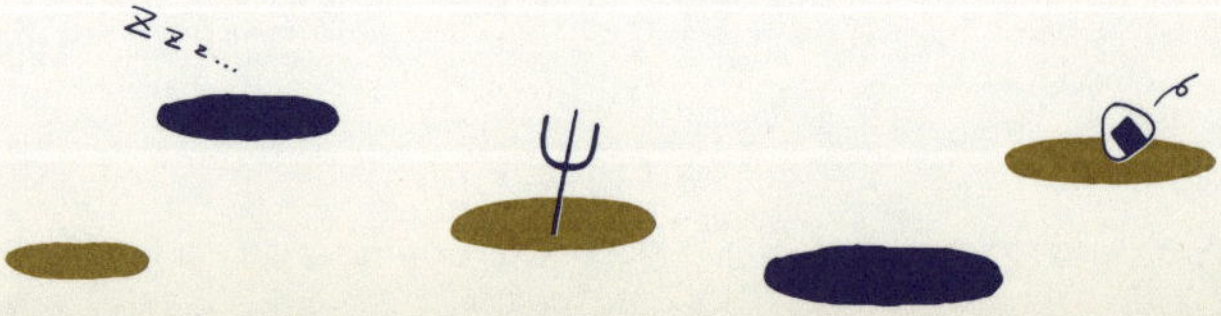

節税〔せつぜい〕

脱税という名の商品の外箱。

刹那〔せつな〕

(一)仏教における時間の最小単位。指を一度弾く間に60〜65回の刹那があるとされる。(二)長年費やして築き上げたものが崩れ去るのに十分すぎる時間。信頼、愛情、生命などが該当する。

絶滅危惧〔ぜつめつきぐ〕

アホウドリ、カミナリオヤジ、町の書店など、絶滅の危機にある存在のこと。

選挙〔せんきょ〕

征服者に預ける白紙委任状。

戦争
〔せんそう〕

科学を進化させる
最も重要な要因。

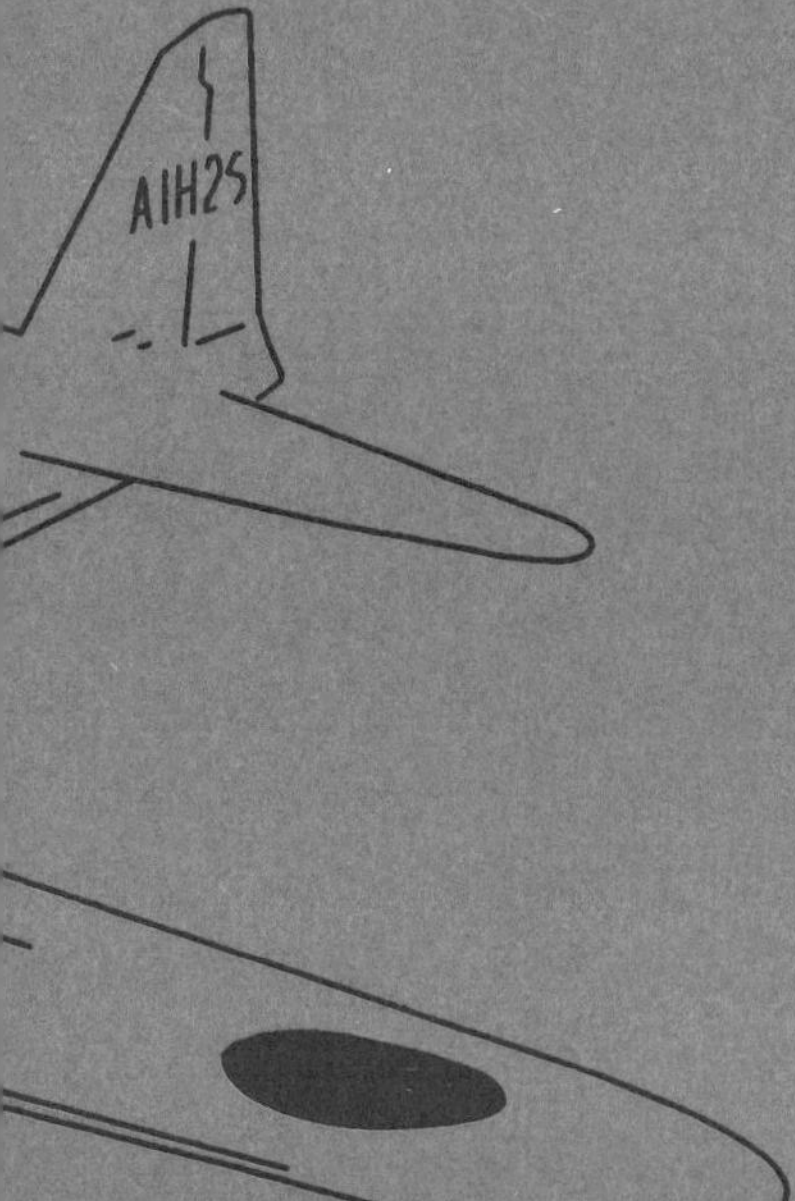

せ

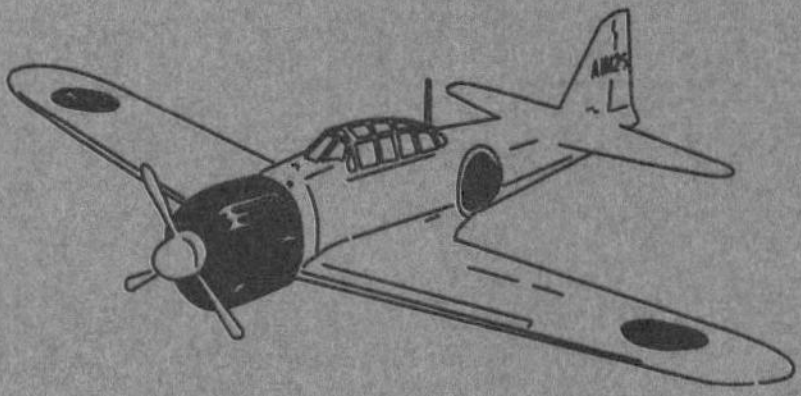

全地球測位システム〔ぜんちきゅうそくいしすてむ〕

プライバシーをも見通せる神の目。

騒音〔そうおん〕

バイク乗りの満足感に比例して大きくなる周辺住民の不満の種。

葬儀〔そうぎ〕

死者の入学式。

葬儀屋〔そうぎや〕

死神の下請け業者。

倉庫〔そうこ〕

(一) 荷物などを貯蔵・保管する建物。
(二) 刑事が活躍するフィクションの世界で、港近くに建てられ、取引、及び乱闘をするための舞台。

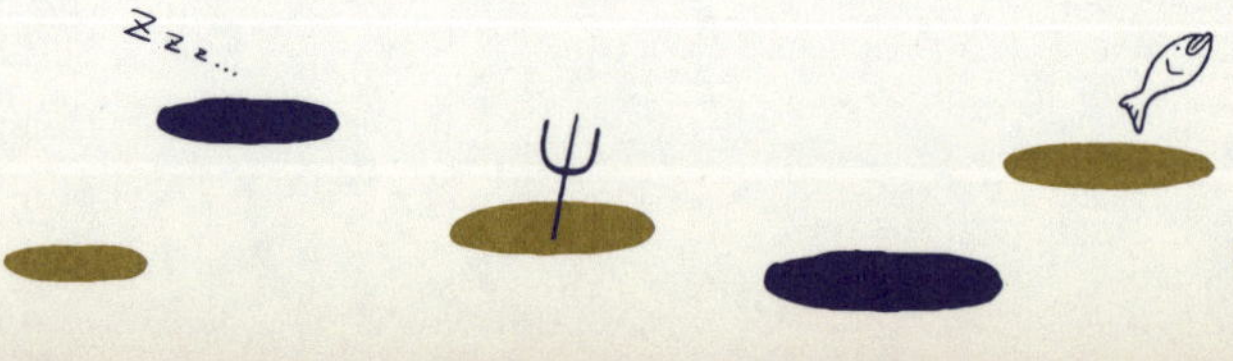

総集編〔そうしゅうへん〕

熱心なファンであればあるほど、一度見た内容を再び見せられるハズレの回。

ソーシャルネットワーク〔social network〕

(一) 個人情報漏洩システム。
(二) 対面はもちろん、手紙や電話ですら挨拶することができない無礼者の巣窟。

相談〔そうだん〕

相手方から持ち掛けられたにも関わらず、的確な助言をすれば批判したと腹を立てられ、的外れだと無能扱いされる厄介な罠。

訴訟〔そしょう〕

被害を受けた者が裁判所に訴え出ること。ただし、殺人の被害者は自ら訴え出ることはできない。

ソフトクリーム

{ soft ice cream }

人生と同じく、舐めてかかった方が良いお菓子。

ソムリエ

〔 sommelier 〕

葡萄酒についての知識をひけらかしたり、テイスティングと称するワインのただ飲みをしたりして金銭を得る人。

甲子園球場は現代のコロッセオか？

高校球児の夢の舞台、甲子園球場。野球の本場、アメリカの高校野球には全国大会がないこともあり、甲子園大会は世界最高レベルの高校野球大会といえる。全試合がライブ中継され「プロ野球は観ないけど、甲子園だけは観る」という人も数多くいるほどの人気振りだ。

その魅力は何といっても一球入魂の精神で行われる全力プレーだろう。しかし、一方で150球近い球数を連投や中一日程度の休息で投げさせる環境に問題の声も上がっている。プロ野球でも100球程度投げた投手は5日前後の休息を挟むことを考えれば、甲子園での投手への負担が大きいのは間違いない。

この状況が改善されない理由としては、大会運営上の日程や予算的な都合もあるとされるが、何より問題なのは、ひとりのエースが懸命に投げる姿を大人たちが求めていることだ。将来有望な青年の未来を自分の感動のために消耗品として利用している感覚は、古代ローマで戦争捕虜や奴隷が戦ったコロッセオの剣闘士を見る感覚と何一つ変わらないのではないだろうか？ 21世紀になってなお、高校生と剣闘士の区別もつかない大人たちにより甲子園は現代のコロッセオと化してしまっているのかもしれない。

悪魔の辞典

The Devil's Dictionary

た

Ta

ダイエット〔diet〕

飢えという生物共通の病を克服した現代人の遊び。

大学〔だいがく〕

少数の勤勉者と多数の暇人が集まる高等教育機関。

タオル〔towel〕

雑巾予備軍。

多数決〔たすうけつ〕

多数の無学者により敢行される、少数の知識人を巻き込んだ無理心中。

手綱〔たづな〕

妻が夫の胃袋にくくりつけている強力な操り糸。

煙草

〔たばこ〕

健康被害があると知りながらも、国民の財布から金を盗むために合法化されている麻薬に近い葉っぱ。

食べ放題

〔たべほうだい〕

定額を支払い時間とノルマに追われながら食事を摂る胃袋への拷問。

短期記憶

〔たんききおく〕

比較的短い時間しか保持されない記憶で、他人から受けた恩義をひとまず置いておく玄関の片隅のこと。

↓長期記憶

断裁処理

〔だんさいしょり〕

売れ残った本を廃棄処分すること。本に対する死刑執行。

探偵

〔たんてい〕

物語の中では事件を誘発し、現実では他人の浮気を暴くのを生業とする職業。

近道をする

〔ちかみちをする〕

手抜きをする。

↓遠回りをする

ち

チャリティー番組

〔ちゃりてぃーばんぐみ〕

慈善という名目の下、公共の電波を使って富裕層が貧困層の懐から硬貨を回収する催し物。

仲介
〔ちゅうかい〕

二者の間に入って引き合わせること。普通は一方から仲介料をもらうが、賢い者は双方から仲介料をもらう。どちらからも仲介料をもらわないのは、仲介ではなくお節介。

注釈
〔ちゅうしゃく〕

本文内で文章をまとめる技量のない書き手による欄外の落書き。

長期記憶
〔ちょうききおく〕

比較的長い時間保持される記憶で、他人に対して自分が施した恩を厳重に保管しておく格納庫のこと。↓短期記憶

挑戦しない
〔ちょうせんしない〕

この先、永久にこの選択の答えが正しかったかを知らないままで生きていくことのできる強者。

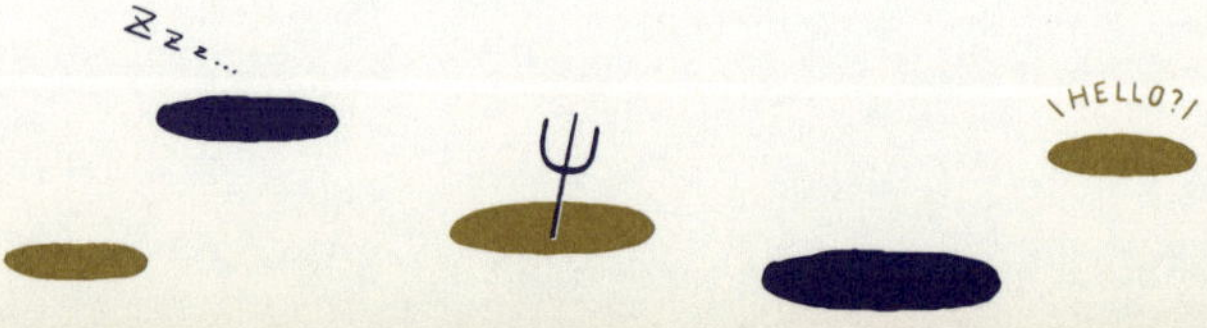

直言〔ちょくげん〕

鬼の面を被った友の言葉。

追試験〔ついしけん〕

来年も出来の悪い生徒の面倒を見るのは避けたいという思いから生まれた救済処置。

通院〔つういん〕

体調の優れない者の中でも、病院まで通える元気のある者のみに与えられた権利。

通貨〔つうか〕

人類が創り出した究極の偶像崇拝。

月

〔つき〕

自力で輝くこともできないのに、夜空で最も幅を利かせている天体。他力本願。

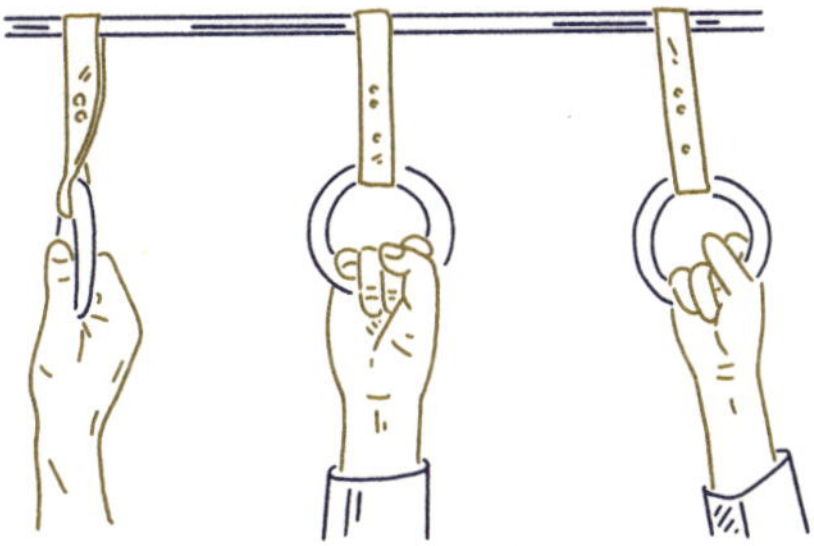

吊り革

〔つりかわ〕

運賃を払ったお客様を立たせること前提でつくられた取っ手。

積読〔つんどく〕

(一)買った本を読まずに積んだままにすること。
(二)本の冬眠。

手〔て〕

人間の両腕の先端に付属した、殴る、奪うなどに用いられる非常に器用で実用的な部位。

提案〔ていあん〕

断れないとわかった上で持ち掛ける申し出。

停戦〔ていせん〕

一時的に戦争をやめること。あくまでも一時的に。↓終戦

定番〔ていばん〕

特段面白くもない、ありきたりな選択。

て

底辺 〔ていへん〕
我が国の経済的ヒエラルキーで広がり続けている方の辺。

適応力 〔てきおうりょく〕
環境に応じて対応することで地球の支配者にまで昇りつめた一方で、どんなに劣悪な環境に置かれても慣れることができ、結果的に向上心を失わせてしまう、人間の持ち合わせる最高で最低の能力。

デザイナー 〔designer〕
エンジニアの技術力の傍らでセンスという実体のない能力を振りかざすトリックスター。

でたらめ
政治家が選挙のとき口にする言葉。本辞典に対する悪評。

手相占い 〔てそううらない〕
手のひらに描かれた設計図で人生を組み立てようとする浅はかな試み。

哲学者

〔てつがくしゃ〕

悩みごとを職業にした人々。

鉄道人身障害事故

〔てつどうじんしんしょうがいじこ〕

あの世への特急券。駅のホーム及び、踏切で販売中。

天真爛漫な

〔てんしんらんまんな〕

無作法な。

天気予報

〔てんきよほう〕

世の中に絶対はないと教えるためにテレビ、新聞、ラジオ、インターネットが毎日発表する空模様。

転校〔てんこう〕

友情のリセットボタン。

電子煙草〔でんしたばこ〕

喫煙者による最新式の言い訳。

テント〔tent〕

熊の餌の待機場。

伝統的な〔でんとうてきな〕

流行遅れな。

電話会社〔でんわがいしゃ〕

持ち運びできる電話を売りつけると同時に、あなたの足に二年間外れない鎖をつける手品師。

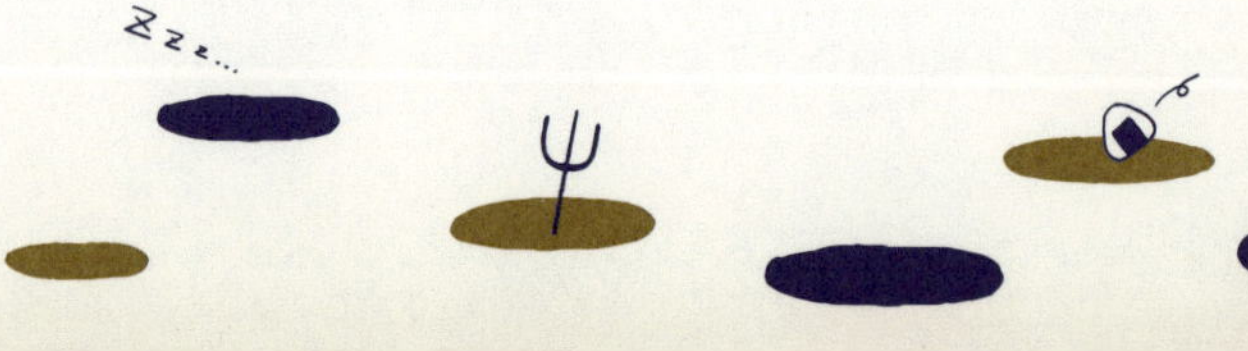

投資 〔とうし〕

将来的な価値の上昇を狙って株式や通貨、不動産などの金融商品を購入しておくこと。広義では自己研鑽の意味でも使われ、その場合の最も効率的な投資は本辞典を購入、熟読することである。

遠回りする 〔とおまわりする〕

要領の悪い。↓近道をする

動悸 〔どうき〕

自分が生きていることを証明してくれる症状。少なくとも、まだいまのところは。

頭髪 〔とうはつ〕

生物学的に役目を終えたことを知らせるかのように中高年の男の頭から次第に抜け落ちていく、人間の最も大事な部分を守るために生えている毛。

都会〔とかい〕

金持ちの住む豪邸と、その他大勢が集合住宅に寿司詰めで暮らす地域。

匿名掲示板〔とくめいけいじばん〕

卑怯者たちの仮面舞踏会。

図書館〔としょかん〕

利用者の情報活用能力を試す目的で古今東西の良書から悪書までを集めた玉石混淆の資料館。

年寄り〔としより〕

なるも地獄、支えるも地獄の絶望的選択。

年を取る〔としをとる〕

自らに対する言い訳が上手くなる。

どん底

〔どんぞこ〕

ここが一番底という
保証はない。

悪魔の兵器

「今、世界には5億5千万丁の銃がある。ざっと12人に1丁の計算だ。残る課題は〝1人1丁の世界〟」

2005年公開の映画「ロード・オブ・ウォー」でニコラス・ケイジ演じる武器商人による台詞である。日本にいると実感が沸かないかもしれないが、銃が発明されて以降、指先を動かす力と悪意さえ持ち合わせれば、簡単に人間を殺せる時代なのだ。

核兵器は、一瞬で大量の人間を殺めることができる。しかし、その使用は簡単ではない。それに対し、世界に1億丁あるといわれる自動小銃「AK-47」は、設計から70年以上を経た現在でも世界中のあらゆる地域の軍隊や武装勢力が使用している。その凄さは、ギネスブックに「世界で最も使われた軍用銃」としても掲載されていることや、モザンビークの国旗に独立への苦闘の象徴として描かれていることからも窺える。AK-47がこれほどまでに普及したのは、生産時の技術不足で部品の精密度が低かったり、泥や砂などによる汚れや、気温による金属の変形があったりしても、問題なく動作する設計にある。世界中で人を殺め続けている AK-47こそ、悪魔の兵器なのかもしれない。

な

Na

ナースコール〔nurse call〕

重篤な患者が緊急時に押す
あの世へのインターフォン。

内定〔ないてい〕

社会が奴隷を確保するため
に用意した荒縄。

内憂〔ないゆう〕

いつまでも自立しない子ども。
いつまでも死なない親。

情けは人の為ならず〔なさけはひとのためならず〕

貸し付けた恩義をきっちりと、できれば
利子付きで回収しようという企て。

夏〔なつ〕

熱中症、水難事故などが起こる死の季節。→秋

名前〔なまえ〕

親が子に押し付ける
最初の我儘。

成金

〔なりきん〕

(一) 将棋で「王将」と「金」以外の駒が敵の陣地へ進入した際に「金」に成ること。
(二) 一朝一夕で裕福になった人間。現在では、金にものを言わせて傲慢な態度をとる者への嫌味。
(三) 歩のまま生涯を終える輩の口から出る僻み。

ナルシスト

〔narcissist〕

鏡に映る自分に恋した風変わりな奴。

ナレーション

〔narration〕

映画や漫画などですべてを撮影、描写するなんて面倒だという考えから、声または文章だけで表現された手抜きの箇所。

ニート

〔neat〕

何を成すでもなく、労働という苦行から解き放たれた人類の最終形態。労働のヒエラルキーの頂点に立つ人種。

日記〔にっき〕

他人の悪口を書き込み、自己陶酔に浸るため用意された決して他人に見せることのできないノートブック。

日本語〔にほんご〕

最も美しく、高尚なガラパゴス言語。

日本人〔にほんじん〕

明日、地球が滅亡するとしても会社に行き、仕事を終わらせようとする国の住人。

人間〔にんげん〕

消化器と生殖器で構成され、天使のように清く正しい存在になりたいと願いながらも獣のように行動する地球一の不良少年。

ぬいぐるみ

主に熊などの動物の形をしたダニの巣。

抜け道

〔ぬけみち〕

非公式ではあるが確実に存在する通路。ただしその通行料は高額で一般人には払えない。

塗り潰す

〔ぬりつぶす〕

裏帳簿の重要な箇所に施すマーキング。

ヌードデッサン

〔nude drawin〕

助平野郎の大義名分。

抜け目のない

〔ぬけめのない〕

本辞典を発売日に手に入れるような。

ネガティブ

〔negative〕

悪魔の思考。→ポジティブ

ネクタイ

〔necktie〕

死刑予備軍である紳士諸君がいざというときに無様な姿を晒さないで済むように普段から首に巻いて馴らしておく布切れ。

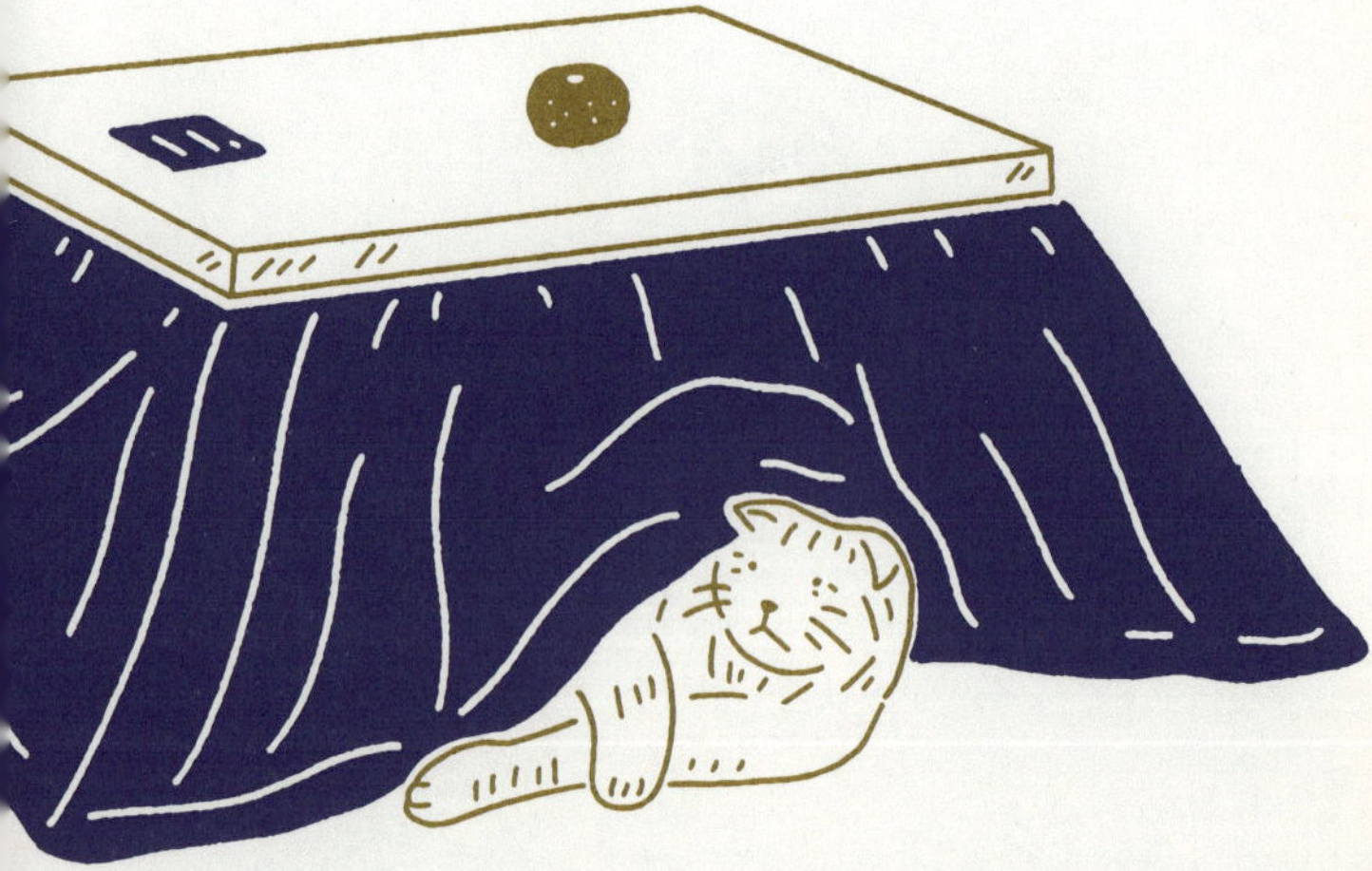

猫

〔ねこ〕

同じく愛玩動物である犬がいち早く人類に取り入り、庭に食事付きの小屋を手に入れたのを横目で見ながら、簡単には人間に媚びない態度を取り続けた結果、現代においてはそのツンデレ振りが評価され、春の縁側はもちろん、冬のこたつまで手に入れた賢者。

鼠〔ねずみ〕

(一) 油虫と並ぶ、人類の同居者。
(二) 魔法を浴びて最も得をしている生物。

寝タバコ〔ねたばこ〕

自宅を担保にした愛煙家によるロシアンルーレット。

熱中症〔ねっちゅうしょう〕

真夏のグラウンドで見られる、根性の副作用。

眠れる獅子〔ねむれるしし〕

中年フリーターの多くが思い込んでいる自身の存在。

年賀状〔ねんがじょう〕

年に一度の返信強要葉書。

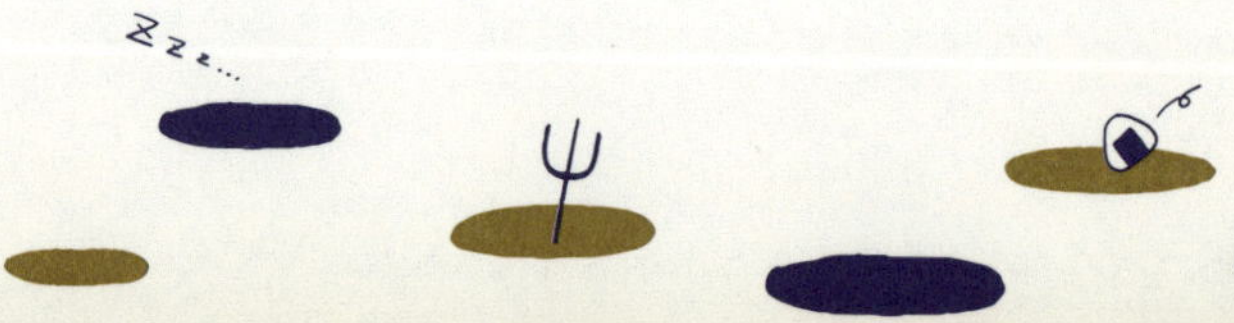

年金
〔ねんきん〕

国民が共有する底の抜けた預金口座。

年長者
〔ねんちょうしゃ〕

長年に渡り培った英知と物忘れを兼備した白銀のスピーカー。

年齢
〔ねんれい〕

女性にとっての確定申告。常に低めに申告される。

脳
〔のう〕

この世のあらゆる厄災が詰まったパンドラの箱。

ノート
〔note〕

授業中に優等生を演じるための白い舞台。

ノーベル賞

〔のーべるしょう〕

爆薬を作った人の名が冠せられた権威あるとされている賞。

上り坂

〔のぼりざか〕

上りの坂道のことで、物事の調子が上向きなことのたとえ。坂を上れば、その分下りが来ることは自明の理である。

飲み明かす

［のみあかす］

誰かと行うことで一夜にして新たな関係を築くことのできる行為。ただし、酔いと同じく一晩しか持続しない。

乗り物

〔のりもの〕

人類の足腰を衰えさせるのに多大な貢献をしている移動手段の総称。

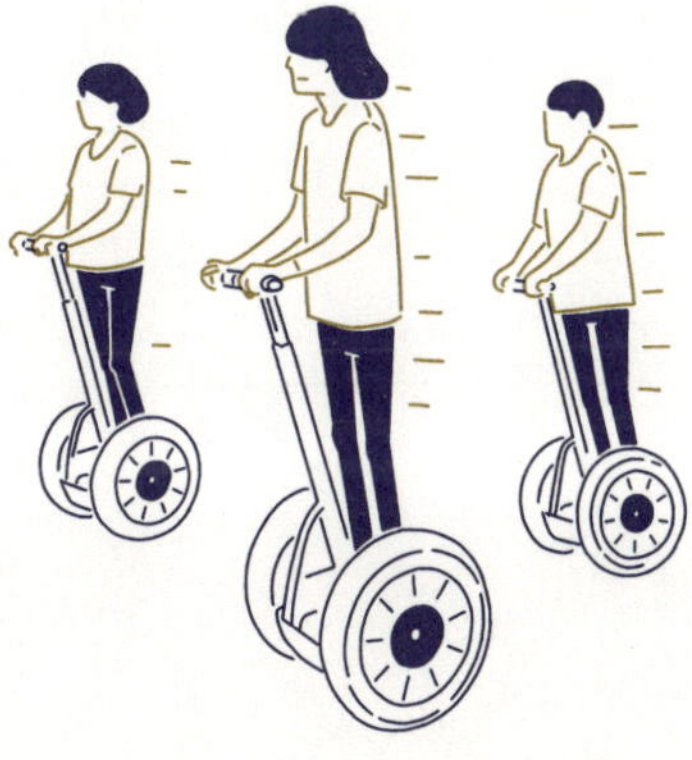

悪魔の代弁者
～作られゆく世界観～

これは本書のもとになった『悪魔の辞典』の著者であるアンブローズ・ビアスの話である。

ビアスは1842年アメリカのオハイオ州の貧しい農家の子として生れまた。両親は信仰に篤く、躾に厳しかった。また兄弟の多かったビアスは両親からの愛情について「人の愛情は一定量しかなく、対象が増えれば一つに注がれる分量は少なくなる」と後に語っている。実際に両親の愛情が不足していたかは定かではないが、彼の偏狭な性格はこの頃に形づくられたことは想像に難くない。

ビアスは15歳で親元を離れ、印刷所での見習い、陸軍士官学校、食堂の給仕などを経て、1861年に南北戦争がはじまると北軍の兵士に志願した。戦争が終わると夜警をしながら独学で文学を学び、サンフランシスコの地方紙で寄稿者、編集者として活動をはじめる。

1871年に鉱山技師の娘と結婚。1872年から3年間はイギリスで執筆活動を行い短編小説や時評などをまとめた『悪魔の喜び』を皮切りに3冊の著書をペンネームにて出版した。サンフランシスコに戻ったビアスはジャーナリズム界でその辛辣な筆を大いに揮うこととなる。

（続く）

悪魔の辞典

The Devil's Dictionary

は

Ha

バイリンガル〔bilingual〕

二つの言語を話せるが、どちらの言葉も満足に操ることのできない半端者。

蠅〔はえ〕

小指の先ほどもない昆虫で、ブンブンと飛び回る様から、自分の周囲にいるちっぽけで目障りな存在の喩えにも使われる。なお、この生物が糞に集る生態があることをしっかりと記載しておく。

破壊〔はかい〕

創造という鶏が産んだ卵。

葉書〔はがき〕

自分の秘密や他人の悪口を書くことに向かないことから、大半の社会人が用途のない手紙の形態。

は

爆買い
〔ばくがい〕

銀座で高級ブランド品を買い漁ったかと思えば、100円ショップで大量の雑貨を買い込んでいく隣国からのお客さん。

勝てる
ギャンブル
攻略法
ギャンブルの哲学
YUEISHA

博打打ち

〔ばくちうち〕

(一) 統計学への挑戦者。

(二) 楽をして金を稼ぐためには粉骨砕身する、努力家な怠け者。

白熱電球

〔はくねつでんきゅう〕

夜空に輝く星たちの価値を暴落させた夜間勤務の発明品。

バスフィッシング

〔bass fishing〕

スポーツという名目をつくることで、魚の生命を道具に使うことを許された遊戯。

初デート
〔はつでーと〕

計画は崩れ去るものであることを学ぶための思春期の一日。

ハネムーン
〔honeymoon〕

問題集「結婚」の「問一」の答え合わせ。

早起き
〔はやおき〕

年寄りの特性。年寄りが早起きなのは、三文の得をしたいからでも、育つことを諦めたからでもなく、無事に目覚めたことを喜びたいからに他ならない。

春
〔はる〕

花粉症、五月病などを患う病の季節。↓夏

一四〇文字
〔ひゃくよんじゅうもじ〕

未だ火星に辿り着けない人類が、現段階で手に入れることのできている科学技術の粋。

バレンタインデー

〔 Valentine's day 〕

モテない男子が母親や姉妹の優しさに触れる日。ただし、こじらせると優しさは惨めさに変わることもある。

ハロウィン

〔Halloween〕

近年、我が国でも浸透してきた田も畑もないコンクリートジャングルで仮装して行われる秋の収穫祭。

反省文

〔はんせいぶん〕

過失者本人が発行した免罪符。

パンダ

〔panda〕

我が国に長期滞在する国賓。しばしば外交の道具として使われるモノクロの熊。

ビール

〔beer〕

泡と税金によってなる飲料。
愛飲者はこれを飲むことで、
そんなことは忘れてしまう。

悲劇

〔ひげき〕

人類史の繰り返される物語。

ビジネス

〔business〕

命の代わりに金銭のやりとりをする戦場。

美女

〔びじょ〕

男に対して大きなアドバンテージを持った女性のことで、ランクが上がれば、荷物持ちの免除、無償の食事、ブランド品の贈与など様々な特典が得られる。

非常ボタン

〔ひじょうぼたん〕

非常時に鳴るかどうかを常時に確認するためのスイッチ。機械版『オオカミ少年』。

一目惚れ

〔ひとめぼれ〕

外見のみで相手を判断する。

ビニール傘

〔びにーるがさ〕

雨が降ると簡単に
主人を変える蝙蝠野郎。

美容師

〔びようし〕

あなたの頭部や首元で刃物をちらつかせながら、あなたの懐から金銭を掠め取る鏡の国の住人。

表面張力

〔ひょうめんちょうりょく〕

注ぎ手とグラスによるチキンレース。

批評

〔ひひょう〕

自分の憧れを手にした者に対する屈折した羨望の眼差し。

平等

〔びょうどう〕

すべてを同じように扱うこと。たとえば誰にでも死が訪れるというような。

↓不平等

平社員

〔ひらしゃいん〕

かつては下働きをする最下級の地位を指したが、現在では多数の非正規労働者を従えるキャリア組の総称。

夫婦喧嘩

〔ふうふげんか〕

各家庭で頻繁に起こる内戦。

吹き替え

〔ふきかえ〕

活字離れが進む我が国の洋画愛好者に読み聞かせをする音声。

5000
1000

複利〔ふくり〕

転がりゆく金の雪玉。

富士山

〔ふじさん〕

世界遺産にも登録されている世界有数の美しい山麓。多くの人が山登りを楽しむが、富士山頂からは、その姿を見ることができない。

腹筋運動

〔ふっきんうんどう〕

腹周りを引き締めるために行われる筋力トレーニング。スポーツジムでのトレーニングが一般的だが、質の高いバラエティー番組でも鍛錬できる。

不定休

〔ふていきゅう〕

店主の心の中だけにあるカレンダーに従った人間味あふれる業務形態。

不平等

〔ふびょうどう〕

偏りがあり、平等でないこと。つまりは生まれたときに突きつけられる現実。→平等

不満

〔ふまん〕

人間の口を源泉とした決して枯れることのない泉の名称。

不滅

〔ふめつ〕

我が人類の争いは永久に。

冬

〔ふゆ〕

クリスマス、バレンタインデーなどで周囲が色めき立つ羨望の季節。

武勇伝

〔ぶゆうでん〕

ヤンキーなる傾奇者が語る
虚実混ざった抗争話。

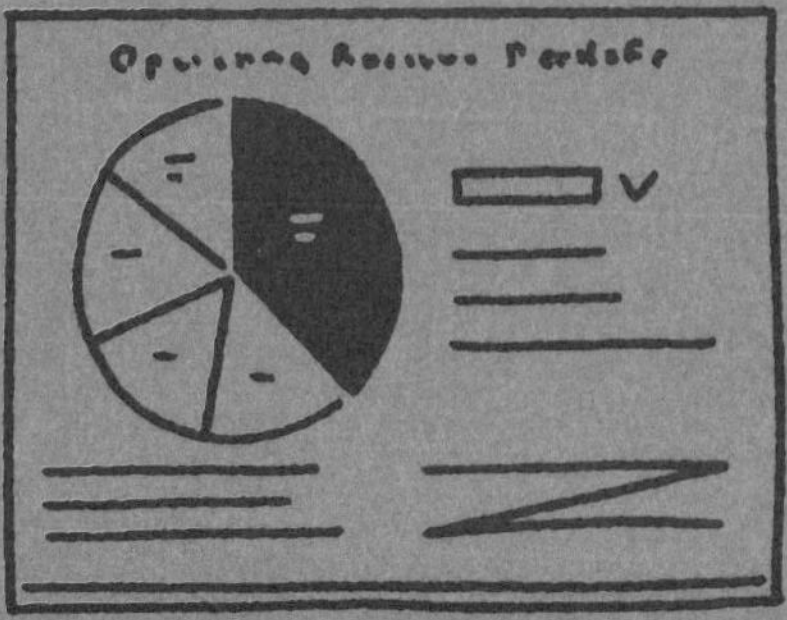

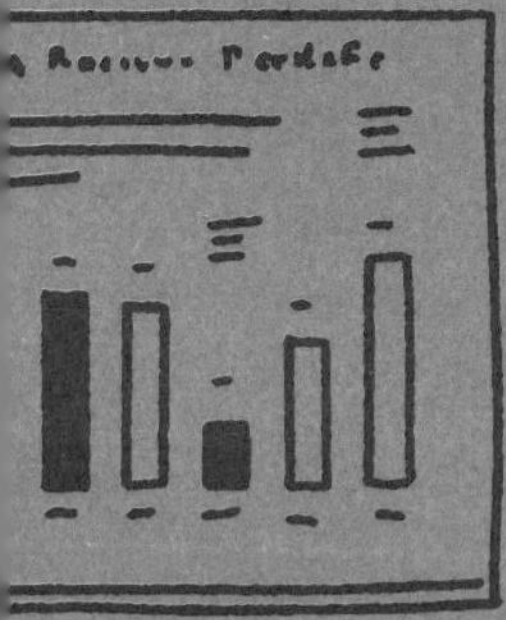

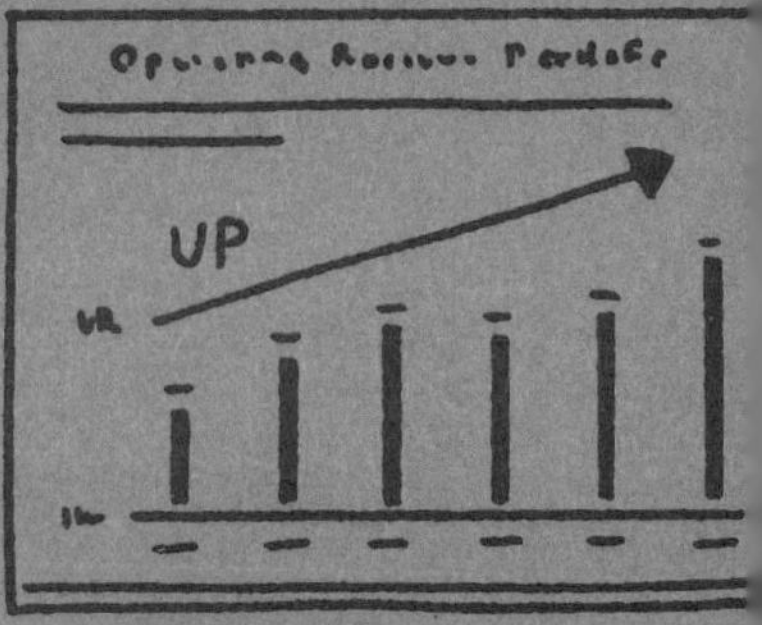
UP

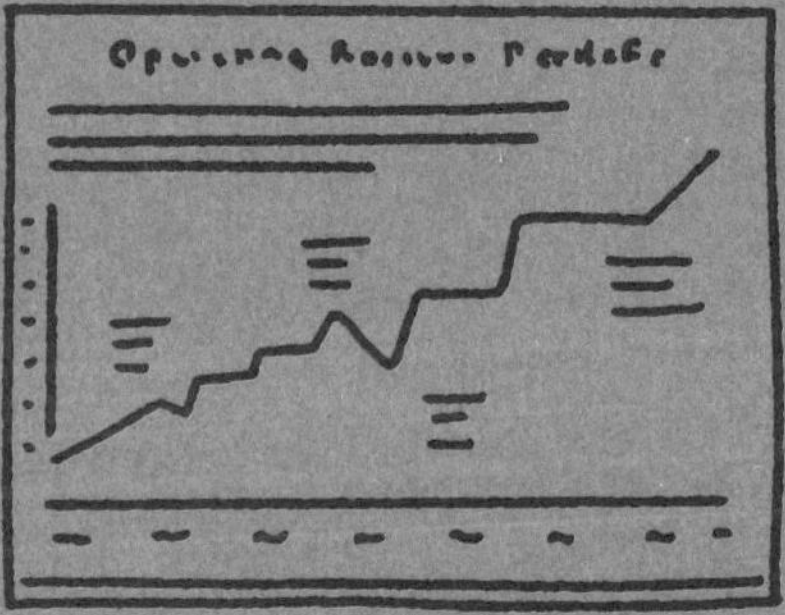

プレゼンテーション資料

〔ぷれぜんてーしょんしりょう〕

どんな計画も実現可能。
この紙の上であれば。

プロレス

〔professional wrestling〕

体を張って「プロフェッショナル」の定義を世間に問うエンターテインメントスポーツ。

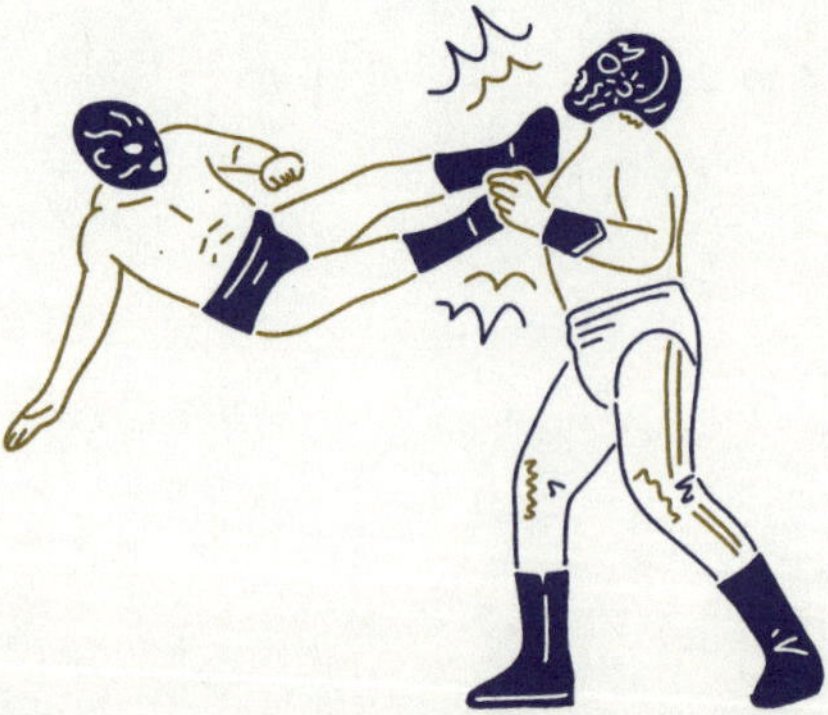

文豪

〔ぶんごう〕

死後50年、または70年が経過した後、骨の髄まで利用される作品を生み出した人。

閉所恐怖症

〔へいしょきょうふしょう〕

閉ざされた狭い空間にいることで恐怖を感じるという、死後、棺桶に入れられることが気の毒な症状。

兵馬俑

〔へいばよう〕

王様による墓場での人形遊び。

平和

〔へいわ〕

人類がつくった人類に最も似つかわしくない言葉。

返還

〔へんかん〕

奪ったものをしぶしぶ返すこと。

便器〔べんき〕

ものづくりを得手とする我が国が、明らかに西洋式に劣っている分野。

便所

〔べんじょ〕

家庭を持つ男が最も
落ち着ける小部屋。

ほ

ベンチ 〔bench〕

プロスポーツの仕事場に設置された、働きもせずに給料を貰う補欠が座る長椅子。

芳香剤 〔ほうこうざい〕

便所の悪臭を誤魔化すために用いられる薬品。ただし、その匂いが悪臭を想像させてしまうこともある。

亡命 〔ぼうめい〕

青く見える隣の芝へ実際に踏み込んでみる行為。

ボーナス 〔bonus〕

あらかじめ徴収しておいた賃金を年の瀬にまとめて渡すことで、気を大きくさせて消費を促す経済界のダークヒーロー。

ボールペン

〔ballpoint pen〕

(一) 回転する小球のついた油性の筆記用具。
(二) 幼少期に分解・組み立てを行うかどうかで文系か理系かの適性を測る、からくり仕掛けの文房具。

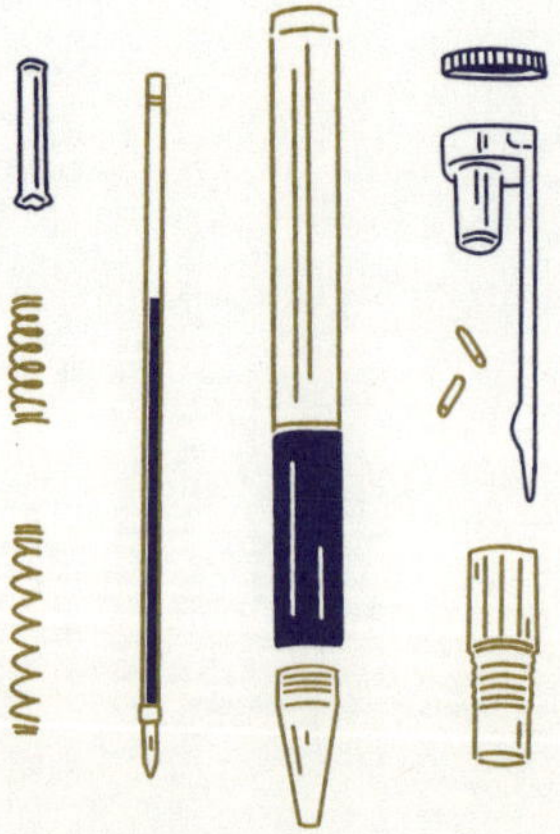

ボクシング

〔boxing〕

リングの上では相手の
拳と戦い、リングの外
では重力と戦う格闘技。

墓穴〔ぼけつ〕

あの世へ通じる
地中トンネル。

誇り

〔ほこり〕

古代では貴族が、中世では武士が、現代ではニートが持ち合わせる高貴な精神のこと。

ポジティブ

〔positive〕

能天気な。 ↓ネガティブ

保険会社

〔ほけんがいしゃ〕

他人の不幸を自分の不幸と感じることのできる唯一の職業。ただし、その他人に保険金が給付される場合に限る。

埃

〔ほこり〕

布団、成功者、政治家を叩けば出てくる有害物質。

保身

〔ほしん〕

中間管理職の仕事。

墓石

〔ぼせき〕

一生を費やして得ること
のできる唯一のもの。

ポテトチップス

{ potato chips }

人々を肥満に誘惑する悪魔的に美味なジャガイモ菓子。

ほ

本気を出す

（ほんきをだす）

落伍者の言い訳の常套句。

凡人

（ぼんじん）

人生を幸福で気楽に全うするための方法を無意識に実践している人種。

本命

（ほんめい）

つまり、そうでない相手が他に存在するということ。

本文

（ほんもん）

タイトルや目次、見出しで事足りることを長ったらしく書き連ねた蛇足。

悪魔の代弁者
～そのペンは人を貫く～

1875年にサンフランシスコへ帰ってきたビアス。当時のジャーナリズム界は殺伐とし、誌面での人身攻撃は日常茶飯事だったが、そんな場所で筆を揮うのにビアスはうってつけの人物だった。その切れ味鋭い筆は容易に人を倒し、サンフランシスコきっての悪人と称されるほど憎まれ、一方では多くの信頼も勝ち取っていった。

『悪魔の辞典』の素となるコラムの連載が始まったのもこの頃だ。ビアスは『悪魔の辞典』の前身にあたる1906年刊行の『冷笑家用語集』において、「1881年に週刊誌『ウォスプ』に寄稿したのが起源である」と語っている。とはいえ、それ以前に書かれた原稿からも同様の風刺を利かせた定義付けは行われており、少なくとも1875年に「ニューズレター」誌に寄稿していた頃までは遡ることができるという見方が強い。

1887年には、新聞王ことウィリアム・ランドルフ・ハーストが立ち上げた新聞「サンフランシスコ・エグザミナー」の初期の連載コラムニストの一人として迎えられ、ビアスは西海岸で最も影響力を持つライターとして数えられるようになる。

この1880年代から1890年代にかけてが、ビアスの人生でも輝かしい期間であった。

（続く）

や

Ya

ま

Ma

間〔ま〕

（一）芝居や朗読では適度に入れるのが良いとされる無言の時間。（二）初対面の相手との会話では必死に埋めようと努める気まずい時間。

埋蔵金〔まいぞうきん〕

年度末に多く見られる、道路を掘り返して探すお金。税金とも呼ばれる。

負けず劣らず〔まけずおとらず〕

勝ち負けをはっきりさせたくないときに用いる逃げ口上。

真面目〔まじめ〕

およそ損する人が持ち合わせている性格のこと。

マスコミュニケーション

〔 mass communication 〕

歪んだメガホンの所有者。

真に受ける

〔まにうける〕

冗談や喩えを本気に受けとってしまうこと。

（例）本辞典の内容を真に受ける。

マネキン

〔mannequin〕

その洋服の購入者よりも美しく着こなすことのできる無表情なモデル。

瞼〔まぶた〕

直視するに堪えないこの世と眼球を遮断するためのシャッター。

ままごと

(一)子どもが料理や食事の真似事をする、ごっこ遊び。
(二)経済的責任を負わない従業員の怠惰な仕事。

マリッジブルー〔marriage blue〕

一寸先も見えない暗闇において、断崖絶壁の一歩手前で立ち止まった状態。

○×問題〔まるばつもんだい〕

物事を白か黒で決めてしまおうという横暴な発想の持ち主によって突きつけられる苦渋の選択。

漫画家〔まんがか〕

貧乏か、多忙かの
二択クイズへの挑戦者。

未完

〔みかん〕

可能性を残すことで、無限の評価を得られるボーナスタイム。たとえばサグラダファミリアに見られるような。

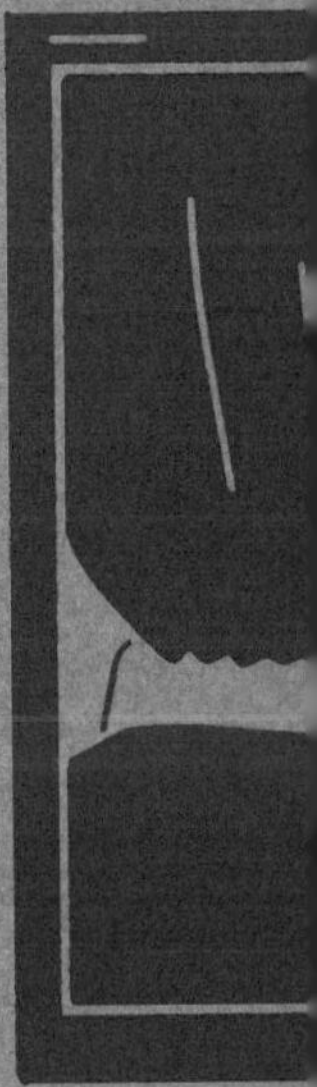

見応えのある

〔みごたえのある〕

迫真の演技と他人の諍い。

ミサイル〔missile〕

経済援助、食料援助、技術支援などを引き出すための国家的キャッシュカード。

水掛け論〔みずかけろん〕

耳に水が入らないよう、耳栓をした者同士が行う泥水の浴びせ合い。

水と油〔みずとあぶら〕

理解や融和のできない関係のこと。たとえば隣国との関係に見られるような。

道〔みち〕

すでに誰かが歩いた場所。二番煎じ。

ミネラルウォーター

{ mineral water }

我が国においては蛇口を捻るだけで容易に手に入る液体をボトルに詰め、場合によっては石油よりも高値を付けて販売されている商品。

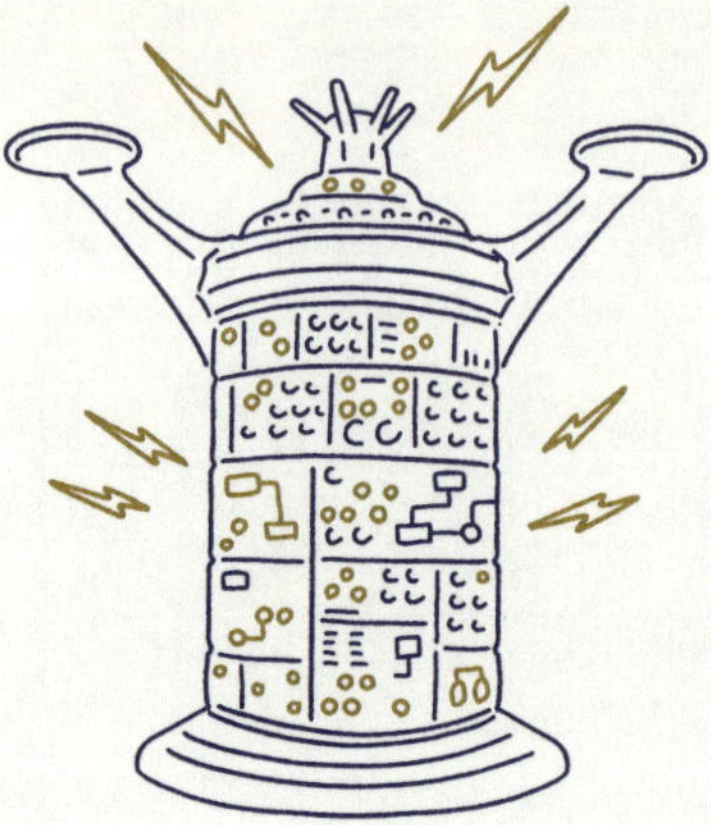

未来

〔みらい〕

人類が衰退、もしくは滅亡し、コンピュータが支配する時代のこと。

↓過去

無関心〔むかんしん〕

最強の対人兵器。

無限大〔むげんだい〕

人間の欲望。

虫籠〔むしかご〕

自然なる外界から家庭なる別世界に昆虫を密入国させるために用いられるコンテナ。

息子〔むすこ〕

将来、母親と険悪な関係になる女を連れてくる子どもの片割れ。

娘〔むすめ〕

子どもの片割れで、元遊び人の父親に贈られる心配の種。

矛盾
〔むじゅん〕

どんな盾でも貫ける矛と、どんな矛でも防げる盾を売る商人のように、ふたつの事柄の理屈が合わない様。現実の世界では国民のための政治がそれに該当する。

無節操な
〔むせっそうな〕

キリストの誕生日を祝った翌週に初詣に行くような。

無知
〔むち〕

少しばかりの知恵と有り余る自信を持った愚者よりは、幾ばくかのマシな大衆のこと。

名案
〔めいあん〕

離婚をしようという閃き。

名声
〔めいせい〕

何かを成して有名になった人が、スキャンダルで失墜するまで被ることの許される透明の冠。

目覚まし時計

〔めざましどけい〕

一日の中で起こる不快な出来事の中でも、先陣を切って襲い掛かってくる機械仕掛けの音声爆弾。

目覚め〔めざめ〕

悪夢のはじまり。

儲ける〔もうける〕

誰かに損失を与えることで得る利益のこと。

盲腸〔もうちょう〕

腹部に仕掛けられた時限爆弾の名称。

目標〔もくひょう〕

あくまで目標なので、達成できなくても頑張っていれば良しとされる水準のこと。

餅〔もち〕

高い粘着性と付着性で、正月早々あの世に行ける目出度い伝統食。

持ち上げる

〔もちあげる〕

こき下ろすための準備段階として行うお世辞。なるべく高く持ち上げておいた方が、落差が大きくなり効果的。

紅葉

〔もみじ〕

木の葉の断末魔を
楽しむ秋の行楽。

も

桃太郎

〔ももたろう〕

桃から生まれた少年が鬼退治という重労働をきびたんご一個という超低賃金で犬、猿、雉に課すブラック企業顔負けの内容が描かれている、我が国で最も著名なお伽噺。

モルモット

[guinea pigs]

医学実験用のテンジクネズミ。また、医学生から見た、その他大勢。

焼肉

〔やきにく〕

牛や豚などの死骸を使って行われる神経衰弱。

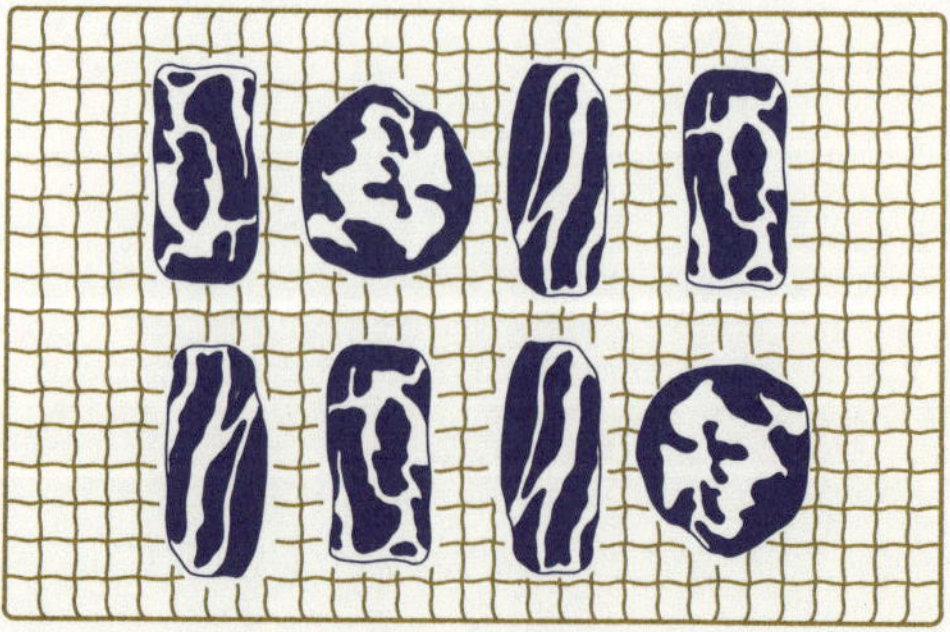

焼き餅

〔やきもち〕

小心者ほど調理の上手い料理。

野球場

〔やきゅうじょう〕

曖昧過ぎるフェンスまでの距離で記録の価値に疑問符をつける不公平極まりない広場。

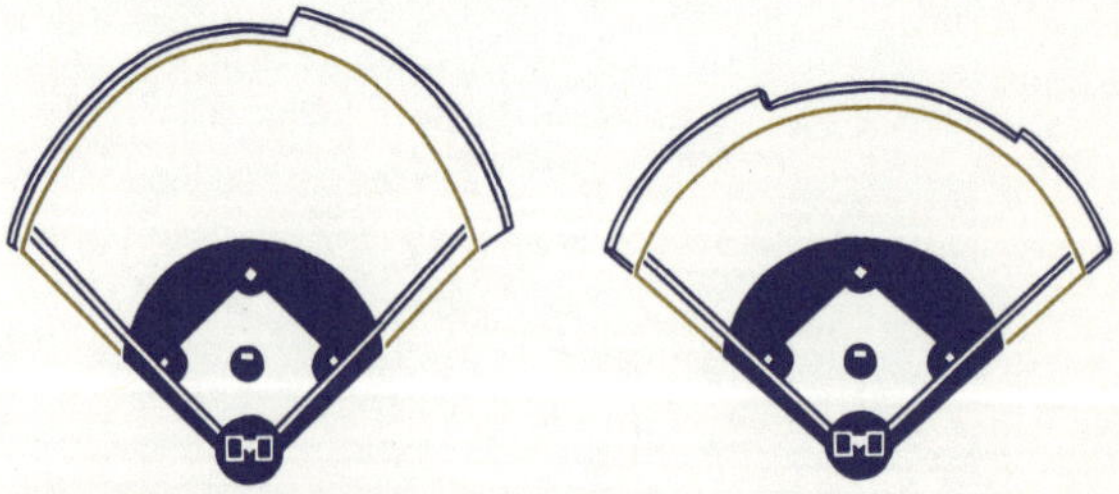

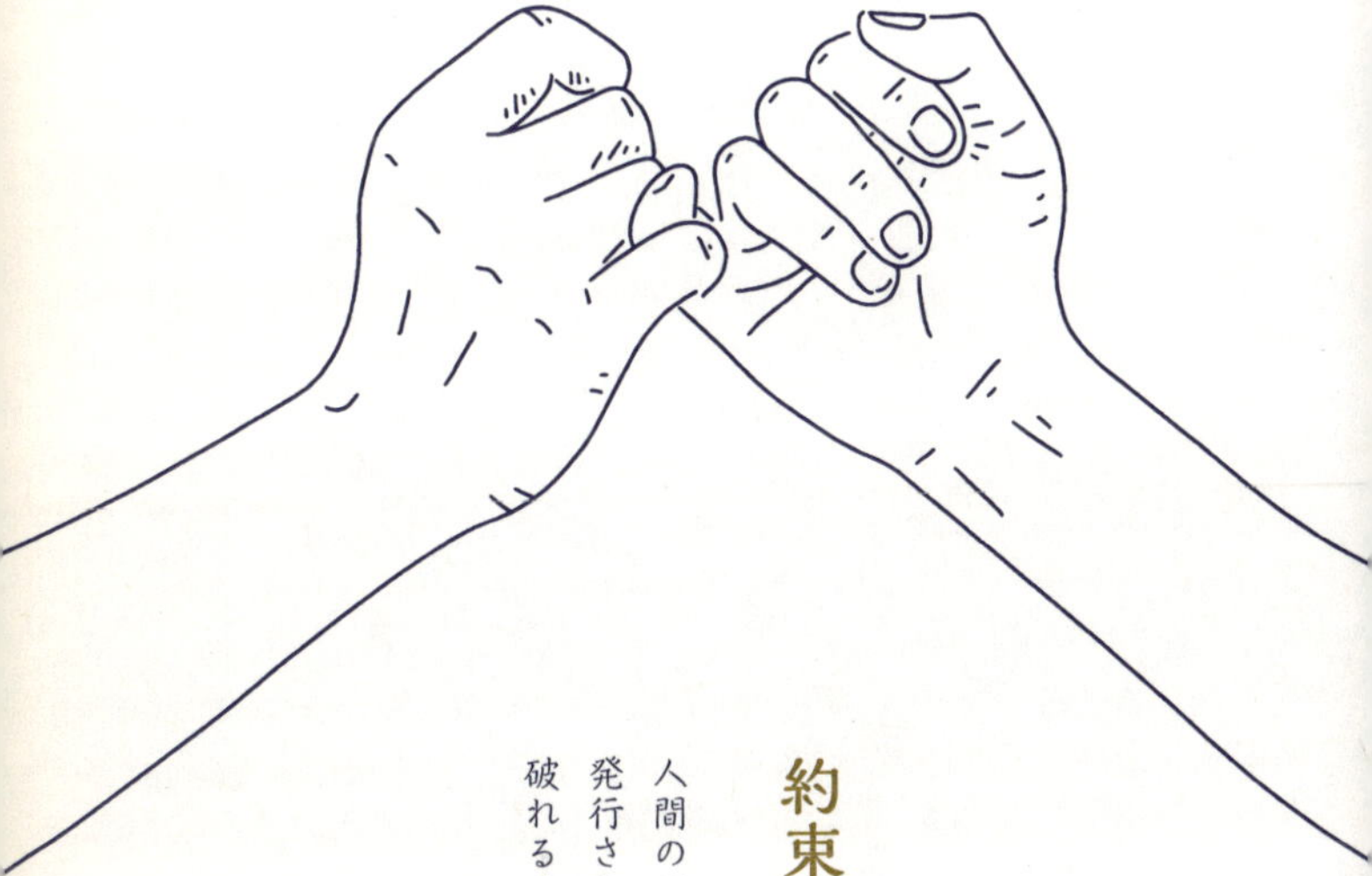

約束

〔やくそく〕

人間の口先、または指先から発行されるペラペラで簡単に破れるチケットのこと。

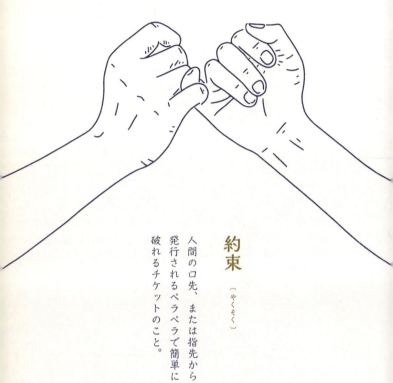

野党
〔やとう〕

国民に選ばれた野次の代表選手団。

↓与党

遺言書

〔ゆいごんしょ〕

なければ揉めるし、あっても揉める死者の置手紙。

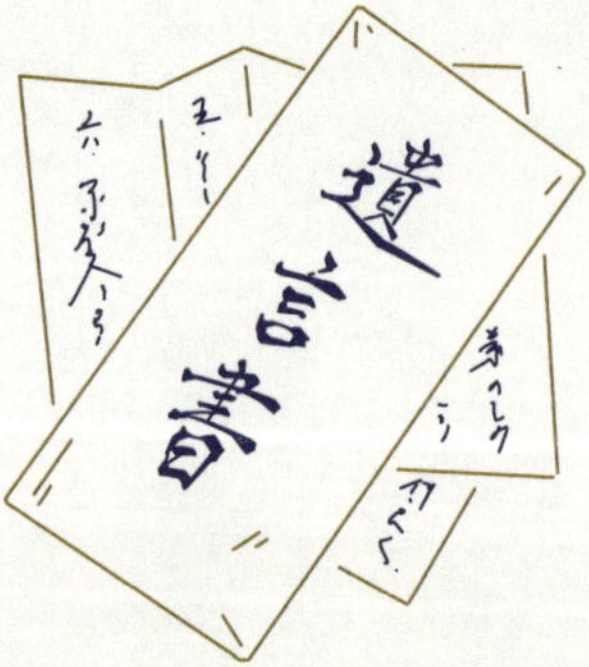

憂鬱

〔ゆううつ〕

日曜の夜、もしくは月曜の朝に様子を伺いにやって来る巡回警備員。

優越感〔ゆうえつかん〕

平日の昼間、労働者階級が集う定食屋で良く冷えたビールを飲むときに生まれる感情。

誘拐〔ゆうかい〕

超高額の託児バイト。バイト代の支払いがあるかは神のみぞ知る。

勇敢〔ゆうかん〕

無謀な。↓慎重

勇気〔ゆうき〕

その後の九十九歩よりも重く、大抵の人が踏み出すことのできない一歩目のこと。

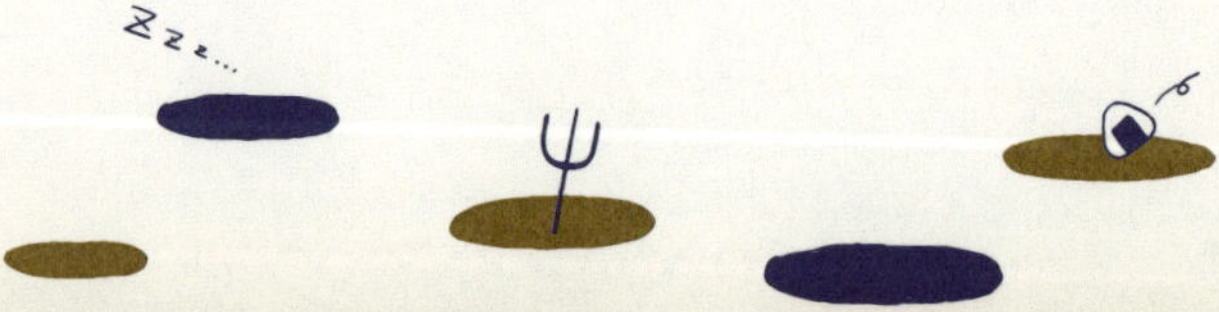

有給休暇〔ゆうきゅうきゅうか〕

そもそも少ない、あっても取れない、使えば白い目で見られるという八方塞がりの労働者の権利。

優先座席〔ゆうせんざせき〕

裕福な大勢の老人たちが、彼らに支給される年金を支えるために労働をしている現役世代に年功序列を振りかざす腰掛け。

友情〔ゆうじょう〕

人と人とを繋ぐもっともシンプルな結び目。利害関係がなくなると、総じて蝶結びのように簡単に解くことができる。→愛情

指輪〔ゆびわ〕

指にはめるリング状の飾り。既婚者においては飼い犬の首輪と同義。

腰痛

〔ようつう〕

人間が脊椎動物であることを再確認させるために身体が知らせる痛み。

世が世なら

〔よがよなら〕

生まれる時代を間違えた者に対する苦し紛れの慰め。

欲張る

〔よくばる〕

あの世までも財産を持っていこうとする。

欲望

〔よくぼう〕

文明発展のために必要なガソリン。

予言する 〔よげんする〕

今、『悪魔の辞典』を読んでいる。

酔っ払い 〔よっぱらい〕

光速移動することなく時間旅行を成し遂げるマッドサイエンティスト。

横文字 〔よこもじ〕

横書きにする習慣の文字で、主に西洋の文字を指す。我が国では、Tシャツをはじめとするデザインで、とりあえずオシャレな雰囲気を演出したい場合に使う、取り立てて意味の重要でない文字のこと。

与党 〔よとう〕

国民に人気のある嘘つきの中で友達の多い方。

↓野党

夜泣き

〔よなき〕

未来ある幼年者が先の短い年配者に対し、世話を要求する、至極真っ当な訴え。

余白〔よはく〕

デザイナーが愛し、クライアントが恐れる永遠に埋まることのない空間。

予防接種〔よぼうせっしゅ〕

病原体の試食品。

余裕〔よゆう〕

足元をすくわれる直前の心の状態。

喜び〔よろこび〕

人間が善もしくは悪のいずれかを行ったときに得られる感情。

弱腰〔よわごし〕

謙虚と呼ばれる我が国の美徳の正体。

悪魔の代弁者
～謎に満ちた結末～

1900年、ビアスは首都ワシントンに居を移す。ニューヨークの「コズモポリタン」誌などで、短編集や寓話、時評、エピグラムを発表しながら、『アンブローズ・ビアス全集』全十二巻を自ら編集し出版した。だが、東部と西部のジャーナリズムの違いや、時代の変化もあり、往年の名声はなかったといわれる。

また、家庭生活にも恵まれなかった。妻との折り合いも悪く、長く別居している間に妻が病死。二男一女がいたが、長男は女性との揉め事で命を落とし、次男も肺炎で若くして亡くなってしまう。友人関係もエゴの強い性格が災いし、ビアスの方から距離を置いていった。晩年のビアスは孤独であったことが窺える。

1913年秋、71歳のビアスは南北戦争の旧跡を巡る旅に出る。そして、そのまま革命の真っただ中であるメキシコに入国。そのまま消息を絶つ。このアメリカ文学史上、最も有名な失踪事件の真相は未だに解明されていないが、戦場を取材中に命を落として戦死者と共に葬られたという説が有力とされる。

ビアスは、『悪魔の辞典』以外にも、複数回にわたって映画化されている短編小説『アウル・クリーク橋の一事件』など多数の名作を遺した。これらはアメリカのみならず世界中の作家に大きな影響を与えている。

参考文献…『新編 悪魔の辞典』（著・ビアス／編訳・西川正身）

悪魔の辞典

The Devil's Dictionary

わ

Wa

ら

Ra

拉麺

〔らーめん〕

さんざん酒を楽しんだ大人が「締め」として好んで食べ、高確率で吐瀉物へと変わり果てる国民食。

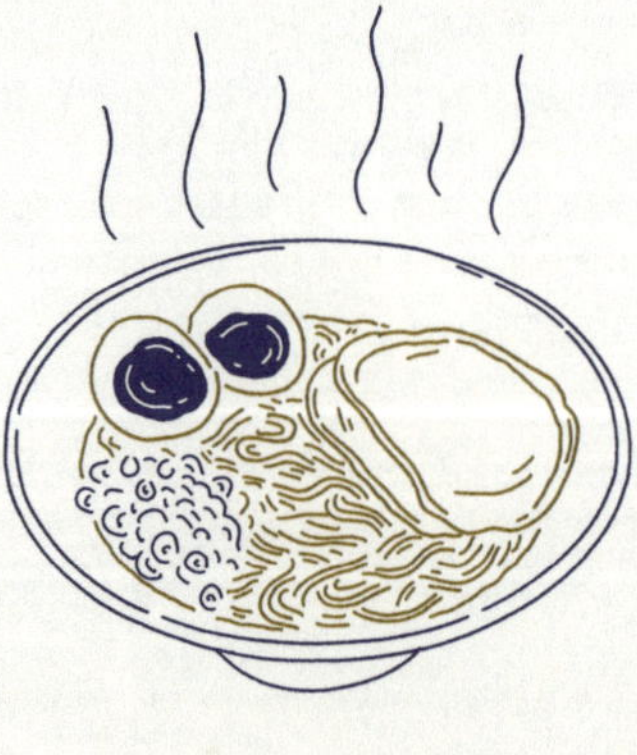

来世

〔らいせ〕

現世で努力を怠った者が、しきりに望みをかける、存在すら定かでない人生のこと。

裸眼

〔らがん〕

偏見というレンズでつくられた色眼鏡を外せないことを考えると、人間には不可能な状態。

落日

〔らくじつ〕

沈もうとする太陽のことで、物事の勢いが衰えることのたとえ。つまりは人類の未来。

落選

〔らくせん〕

悪事を企てながら、人気を持ち合わせていなかったために、これをする機会を失った者。

ラストオーダー

{ last order }

ウエイターから客に向けて発せられる「早く帰れ」の合図。

裸体〔らたい〕

衣服を纏わない姿のこと。女性においては、抜き身の刀剣の如く取り扱いを誤ると大怪我をする場合のある状態。

乱心〔らんしん〕

心が乱れ、常軌を逸した状態になること。つまりは現代のあるゆる事象。

陸〔りく〕

地球上の海面から隆起した部分のことで、その昔に誰かがここは自分の物だと言いはじめたことが悲劇のはじまり。

離婚〔りこん〕

離婚調停なる南北戦争を経て、調印された奴隷解放宣言。

↓結婚

理想〔りそう〕

稼ぎが良く、浮気しない男。美しく、豹変しない女。賢く、騒がない子ども。即ちありもしない現実のこと。

リドル・ストーリー

［riddle story］

物語の形式のひとつで、結末を明確にせず、読み手に想像させる手法。たとえばビアスの人生に見られるような。

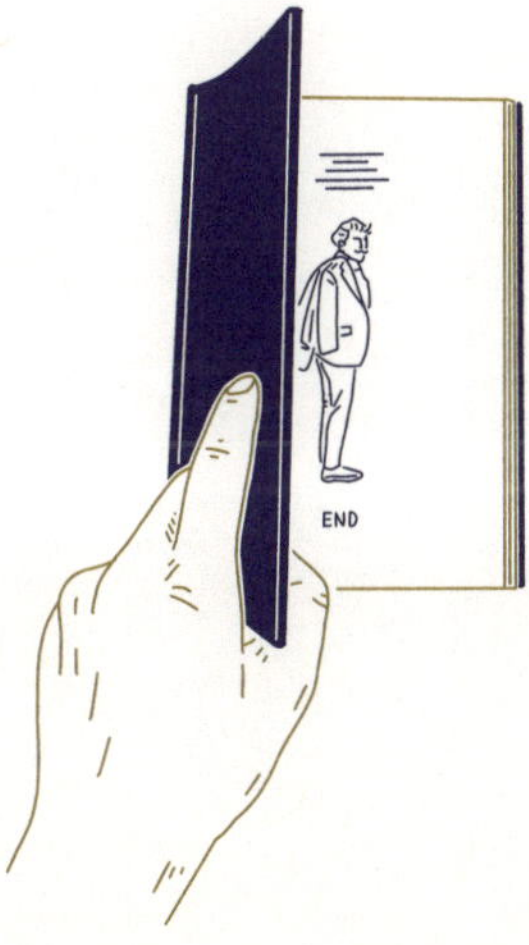

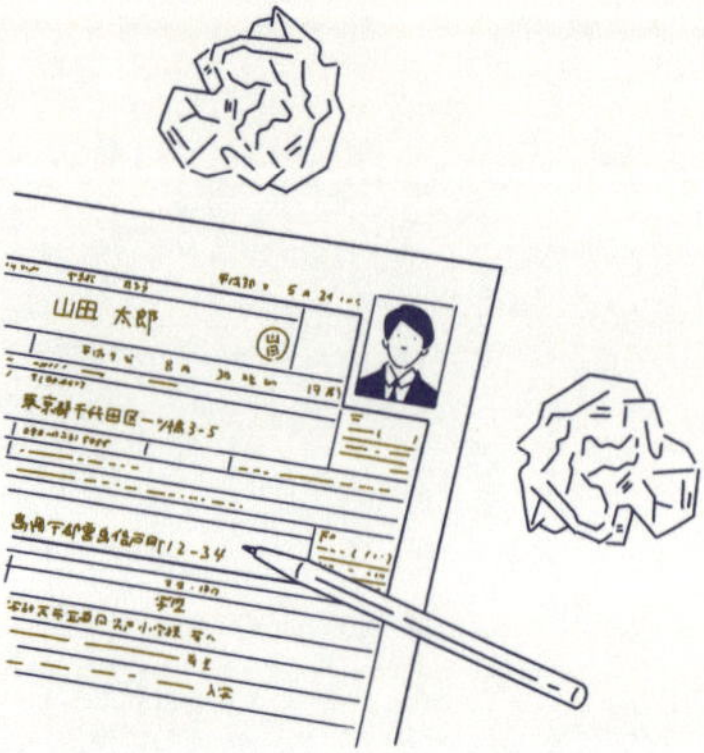

履歴書

（りれきしょ）

就職活動において、提出する側が時間と労力と人生を懸けて作成し、受け取る側は10秒で流し見るための書類。読みづらいことこの上ないのに、なぜか手書きで記入することが慣例となっている。

理路整然〔りろせいぜん〕

きちんと整いすぎていて、何の面白みもない論理。

林檎〔りんご〕

この果物が諸悪の根源。

リングサイド〔ringside〕

人間同士の殴り合いを間近で見ることのできる高級シート。

類義語〔るいぎご〕

馬鹿と間抜け、嘘と偽り、貧乏人と素寒貧など、同じ意味を表した言葉。つまりお前を罵倒する言葉などいくらでもあるということ。

る

涙腺

〔るいせん〕

女が男に対し、自分の言い分を押し通すために使う兵器の生産工場。

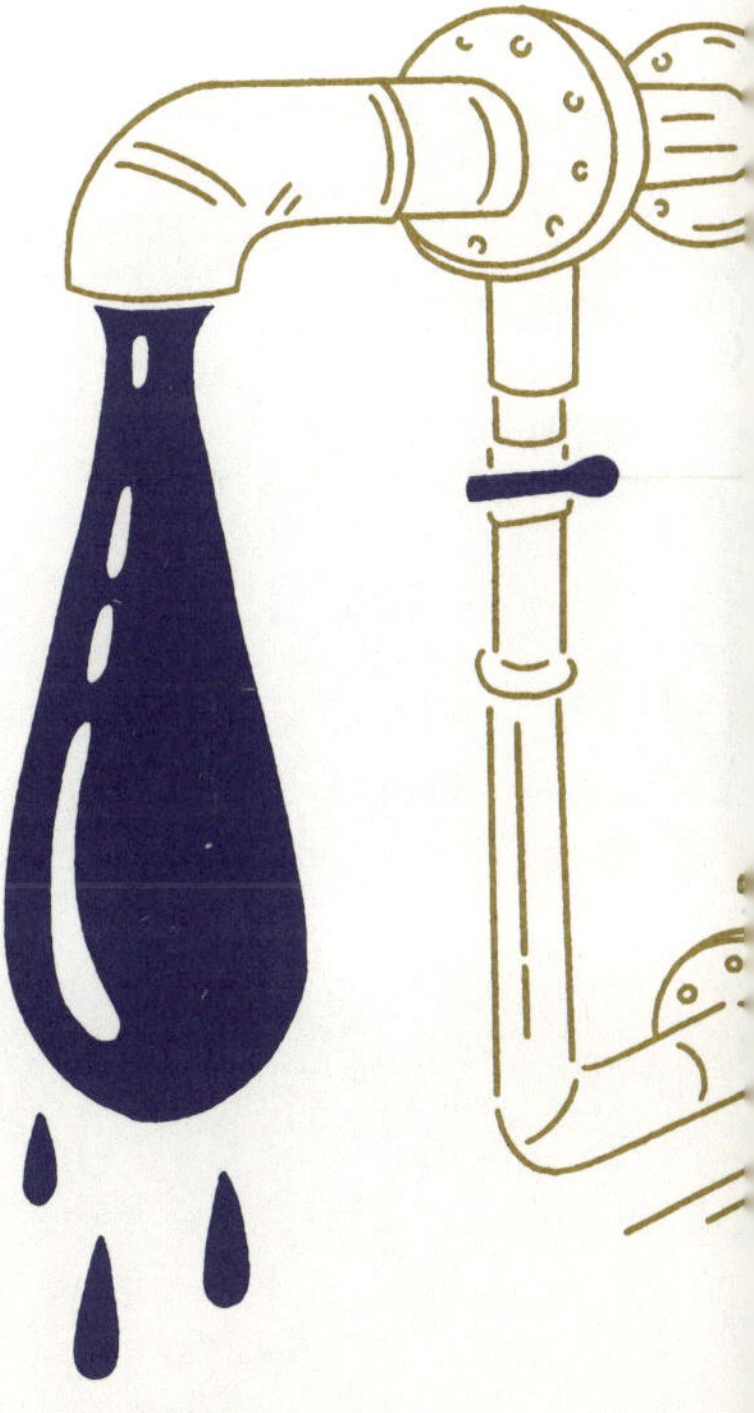

ルール〔rule〕

浸透するよりも先に改訂される教科書。

留守〔るす〕

空き巣の勤務先。

霊安室〔れいあんしつ〕

死者の保育器。

例外〔れいがい〕

自分だけ。あるいは自分に都合の良いときだけ。

歴史〔れきし〕

政治家を裁くことができる唯一の法廷。ただし、そのときの世情において判決は何度でも覆る。

レタス

〔 lettuce 〕

唐揚げの下敷き。

列車

〔れっしゃ〕

乗り物ではあるが、決められたレールの上を並んで進むという意味では大半の人間と同じ。

れ

ろ

レディーファースト

〔ladies first〕

この先、男女平等が進んでもなくならないであろう女性の既得権益。

恋愛

〔れんあい〕

人間が好んで行う、人生を担保にした危険な遊び。

練習

〔れんしゅう〕

（一）本番で上手くできるよう繰り返し行う鍛錬。

（二）練習のために練習をする本末転倒な風景。

老後

〔ろうご〕

人々が不安に思う自身の将来。ただし、自分に訪れることは確約されていない。

老人ホーム

〔ろうじんほーむ〕

介護という苦役から逃れるために作られた姥捨山の別称。

ろ

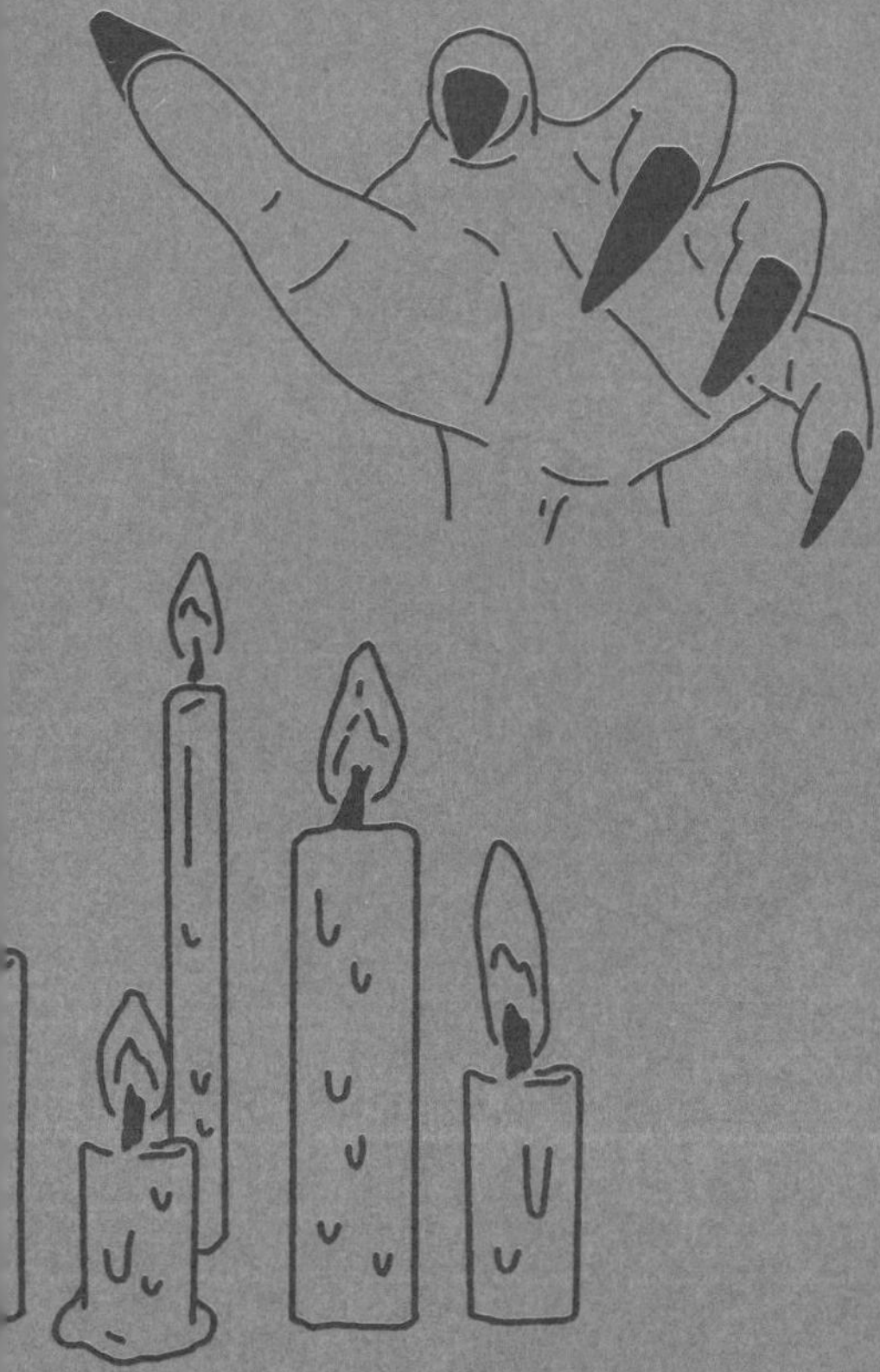

蝋燭 〔ろうそく〕

かつては広く使われていたが、近年は見かける機会が少なくなった照明器具。増え過ぎてしまった人間の寿命を管理するために、死神が買い占めていると思われる。

六法全書

〔ろっぽうぜんしょ〕

束縛の公式ガイドブック。

ロマン

〔roman〕

嘘、大げさ、紛らわしいのいずれか、もしくはすべてを兼ね備えた誇大妄想のこと。

論破 〔ろんぱ〕

インテリが好んで用いる言の葉を武器にして殴りかかる暴力行為。

論理的 〔ろんりてき〕

きちんと筋道を通した考えのことであるが、そもそも世間の多数が歪んでおり、往々にして受け入れられない気の毒な思考法。

賄賂 〔わいろ〕

コインを投入することで便宜を図ってもらえる、役所にもれなく設置されたマシーン。

和解 〔わかい〕

奥歯を噛みしめた、握り拳による手繋ぎの図。

若葉マーク

〔わかばまーく〕

道路上における葵の御紋。初心者マークとも。

脇役〔わきやく〕

顔よりも芝居が良いとされる役者。

罠〔わな〕

女性から尋ねられる「どっちが似合うと思う？」という質問。

割り勘〔わりかん〕

食の細い者、酒を飲めない者が損をするようにできている大食家の編み出した不公正取引。

悪口〔わるくち〕

共有することで仲間意識を高め合うことのできる人類共通の娯楽。女子の集まりにおいては、本人が帰ったあとに開始される話題。

ワンパターンな〔わんぱたーんな〕

言動がひとつの型にはまり、代わり映えしない様。ツクツクボウシの鳴き声以下の。

腕力

〔わんりょく〕

結局のところ、
世の中これで決まる。

ワンルームマンション

〔one-room apartment〕

本辞典の出生地。

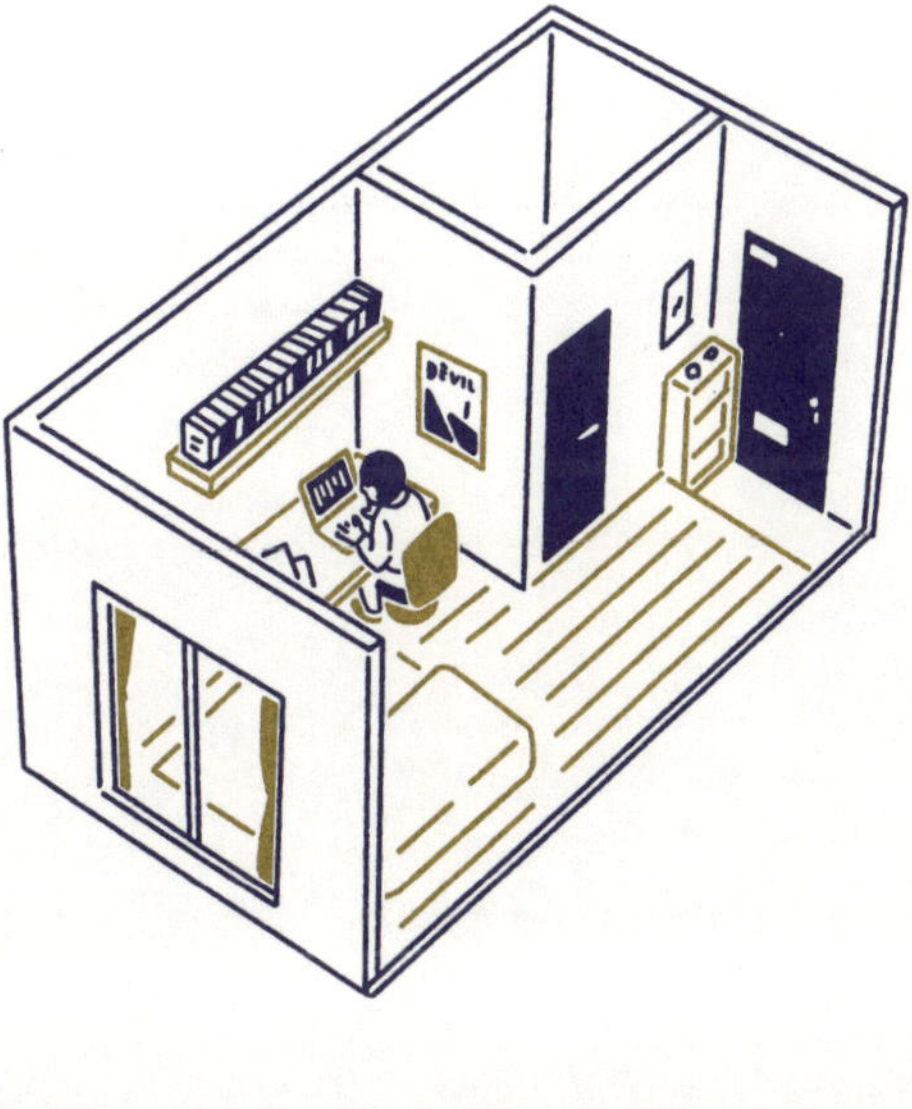
DEVIL

あ

【愛】（あい）……009
【愛犬】（あいけん）……010
【愛情】（あいじょう）……010
【愛人】（あいじん）……010
【相槌】（あいづち）……010
【アイデア】(idea)……010
【赤字】（あかじ）……011
【赤提灯】（あかちょうちん）……011
【秋】（あき）……011
【悪運】（あくうん）……011
【悪役】（あくやく）……012
【汗】（あせ）……013
【あとがき】……285
【アンチエイジング】(anti - aging)……014
【安定】（あんてい）……015
【安堵】（あんど）……015

い

【意見】（いけん）……015
【遺産】（いさん）……015
【いじめ】……016
【椅子】（いす）……016
【いたちごっこ】……016
【一途な】（いちずな）……016
【一年】（いちねん）……016
【一生のお願い】（いっしょうのおねがい）……017
【一身上の都合】（いっしんじょうのつごう）……018
【逸材】（いつざい）……019
【遺伝子】（いでんし）……020
【いびき】……021
【衣服】（いふく）……022
【インターネット】(internet)……022
【引力】（いんりょく）……022

う

【上】（うえ）……022
【ウエディングドレス】(wedding-dress)……023
【失う】（うしなう）……024
【嘘】（うそ）……024
【腕時計】（うでどけい）……024
【うろたえる】……024
【浮気】（うわき）……024
【噂】（うわさ）……025
【運】（うん）……027
【運転免許】（うんてんめんきょ）……028

え

【映画館】（えいがかん）……029
【永眠】（えいみん）……030
【英雄】（えいゆう）……030
【エコロジー】(ecology)……030
【Sサイズ】（えすさいず）……030
【エトセトラ】(et - ceteara)……031
【絵葉書】（えはがき）……032
【鰓】（えら）……033
【円形脱毛症】（えんけいだつもうしょう）……034
【閻魔】（えんま）……035

お

【尾】（お）……035
【老い】（おい）……035
【王道】（おうどう）……035
【おしくらまんじゅう】……036
【オセロ】(othello)……037
【男】（おとこ）……038
【お人好し】（おひとよし）……038
【帯】（おび）……038
【おまけ】……038
【おみくじ】……038
【思い出す】（おもいだす）……039
【思い出】（おもいで）……039

【思いやり予算】(おもいやりよさん)……039
【表沙汰】(おもてざた)……039
【オリンピック】(Olympics)……040
【女】(おんな)……041

か

【改心】(かいしん)……045
【蛙】(かえる)……046
【家屋】(かおく)……047
【かき氷】(かきごおり)……048
【核兵器】(かくへいき)……049
【確率】(かくりつ)……050
【駆け落ち】(かけおち)……050
【過去】(かこ)……050
【火星】(かせい)……050
【仮説】(かせつ)……050
【河川】(かせん)……051
【学校】(がっこう)……052
【家庭】(かてい)……052
【株式公開】(かぶしきこうかい)……052
【甲虫】(かぶとむし)……052
【壁】(かべ)……052
【神頼み】(かみだのみ)……053
【カラオケ】(karaoke)……053
【可愛い】(かわいい)……053
【感謝】(かんしゃ)……053
【完成度の高い】(かんせいどのたかい)……053
【完璧主義】(かんぺきしゅぎ)……054

き

【記憶】(きおく)……055
【帰国子女】(きこくしじょ)……056
【ぎこちない】……056
【議席】(ぎせき)……056
【帰巣本能】(きそうほんのう)……056
【期待】(きたい)……056
【喫煙者】(きつえんしゃ)……057
【喫煙ルーム】(きつえんるーむ)……058
【着物】(きもの)……058
【脚色】(きゃくしょく)……058
【逆張り】(ぎゃくばり)……058
【客観視】(きゃっかんし)……058
【キャバクラ嬢】(きゃばくらじょう)……059
【キューピッド】(Cupid)……061
【教師】(きょうし)……062
【距離】(きょり)……063
【禁煙】(きんえん)……064
【金銭】(きんせん)……064

く

【空気】(くうき)……064
【苦境】(くきょう)……064
【鯨】(くじら)……065
【口紅】(くちべに)……066
【グランドピアノ】(grand-piano)……067
【グレーゾーン】(gray-area)……067
【黒】(くろ)……067
【苦労】(くろう)……067
【クローゼット】(closet)……067
【クローン】(clone)……069
【黒猫】(くろねこ)……070
【軍事基地】(ぐんじきち)……071

け

【毛】(け)……071
【計画】(けいかく)……071
【経験者】(けいけんしゃ)……071
【警察官】(けいさつかん)……072
【軽自動車】(けいじどうしゃ)……074
【刑務所】(けいむしょ)……075
【啓蒙】(けいもう)……076

【契約書】(けいやくしょ)……076
【化粧】(けしょう)……076
【血液型正確分類】(けつえきがたせいかくぶんるい)……076
【結婚】(けっこん)……077
【結婚情報誌】(けっこんじょうほうし)……078
【決心】(けっしん)……078
【結石】(けっせき)……078
【幻影】(げんえい)……078
【元号】(げんごう)……079
【現在】(げんざい)……080
【検索】(けんさく)……080
【限定】(げんてい)……080

こ

【語彙力】(ごいりょく)……080
【合意】(ごうい)……080
【硬貨】(こうか)……081
【後悔】(こうかい)……082
【甲子園】(こうしえん)……083
【コーヒー】(coffee)……084
【互換性のない】(ごかんせいのない)……085
【国会議事堂】(こっかいぎじどう)……085
【ゴミ箱】(ごみばこ)……085
【コミュニケーション】(communication)……085
【顧問】(こもん)……085
【雇用主】(こようぬし)……086
【婚姻届】(こんいんとどけ)……087

さ

【サービス残業】(さーびすざんぎょう)……090
【再婚】(さいこん)……090
【賽銭】(さいせん)……090
【財布】(さいふ)……090
【逆上がり】(さかあがり)……091
【桜】(さくら)……092
【鎖国】(さこく)……093
【サッカー】(soccer)……095
【殺人】(さつじん)……096
【サプライズ】(surprise)……096
【猿】(さる)……096
【産業革命】(さんぎょうかくめい)……096
【参考書】(さんこうしょ)……096
【サンタクロース】(Santa Claus)……097
【三年】(さんねん)……098

し

【死】(し)……098
【自衛隊】(じえいたい)……098
【地獄】(じごく)……098
【資産運用】(しさんうんよう)……098
【下】(した)……099
【嫉妬】(しっと)……099
【失敗談】(しっぱいだん)……099
【辞典】(じてん)……099
【自伝】(じでん)……099
【自動販売機】(じどうはんばいき)……100
【死亡届】(しぼうとどけ)……101
【〆切】(しめきり)……102
【指紋】(しもん)……103
【ジャケ買い】(じゃけがい)……104
【社交辞令】(しゃこうじれい)……104
【邪道】(じゃどう)……104
【しゃぶしゃぶ】……104
【就職】(しゅうしょく)……105
【終戦】(しゅうせん)……105
【絨毯】(じゅうたん)……105
【十六】(じゅうろく)……105
【授業】(じゅぎょう)……105
【主題】(しゅだい)……106

【寿命】(じゅみょう)……106
【小説】(しょうせつ)……106
【女優】(じょゆう)……106
【白】(しろ)……107
【慎重】(しんちょう)……107
【新入社員】(しんにゅうしゃいん)……107
【新聞】(しんぶん)……107

す

【睡眠薬】(すいみんやく)……108
【推理小説】(すいりしょうせつ)……108
【図々しい】(ずうずうしい)……108
【スギ花粉】(すぎかふん)……108
【ストーンヘンジ】(stonehenge)……109
【スピーチ】(speech)……110
【スポーツジム】(sports gym)……111
【スマートフォン】(smartphone)……113
【相撲】(すもう)……115

せ

【正義】(せいぎ)……116
【税金】(ぜいきん)……116
【成功】(せいこう)……116
【制約のない】(せいやくのない)……116
【世界地図】(せかいちず)……116
【世界平和】(せかへいわ)……117
【責任】(せきにん)……118
【赤面する】(せきめんする)……118
【セクシャルマイノリティ】(Sexual minorities)……118
【世間】(せけん)……118
【節税】(せつぜい)……119
【刹那】(せつな)……119
【絶滅危惧】(ぜつめつきぐ)……119
【選挙】(せんきょ)……119
【戦争】(せんそう)……120
【全地球測位システム】(ぜんちきゅうそくいしすてむ)……122

そ

【騒音】(そうおん)……122
【葬儀】(そうぎ)……122
【葬儀屋】(そうぎや)……122
【倉庫】(そうこ)……122
【総集編】(そうしゅうへん)……123
【相談】(そうだん)……123
【ソーシャルネットワーク】(social network)……123
【訴訟】(そしょう)……123
【ソフトクリーム】(soft ice cream)……124
【ソムリエ】(sommelier)……125

た

【ダイエット】(diet)……128
【大学】(だいがく)……128
【タオル】(towel)……128
【多数決】(たすうけつ)……128
【手綱】(たづな)……128
【煙草】(たばこ)……129
【食べ放題】(たべほうだい)……129
【短期記憶】(たんききおく)……129
【断裁処理】(だんさいしょり)……129
【探偵】(たんてい)……131

ち

【近道をする】(ちかみちをする)……132
【チャリティー番組】(ちゃりてぃーばんぐみ)……133
【仲介】(ちゅうかい)……134
【注釈】(ちゅうしゃく)……134
【長期記憶】(ちょうききおく)……134
【挑戦しない】(ちょうせんしない)……134
【直言】(ちょくげん)……135

つ

【追試験】(ついしけん)……135
【通院】(つういん)……135
【通貨】(つうか)……135
【月】(つき)……136

て

【吊り革】(つりかわ) 137
【積読】(つんどく) 138
【手】(て) 138
【提案】(ていあん) 138
【停戦】(ていせん) 138
【定番】(ていばん) 138
【底辺】(ていへん) 139
【適応力】(てきおうりょく) 139
【デザイナー】(designer) 139
【手相占い】(てそううらない) 139
【でたらめ】 139
【哲学者】(てつがくしゃ) 140
【鉄道人身障害事故】(てつどうじんしんしょうがいじこ) 141
【天真爛漫な】(てんしんらんまんな) 142
【天気予報】(てんきよほう) 143
【転校】(てんこう) 144
【電子煙草】(でんしたばこ) 144
【テント】(tent) 144
【伝統的な】(でんとうてきな) 144
【電話会社】(でんわかいしゃ) 144

と

【動悸】(どうき) 145
【投資】(とうし) 145
【頭髪】(とうはつ) 145
【遠回りする】(とおまわりする) 145
【都会】(とかい) 146
【匿名掲示板】(とくめいけいじばん) 146
【図書館】(としょかん) 146
【年寄り】(としより) 146
【年を取る】(としをとる) 146
【どん底】(どんぞこ) 147

な

【ナースコール】(nurse call) 150
【内定】(ないてい) 150
【内憂】(ないゆう) 150
【情けは人の為ならず】(なさけはひとのためならず) 150
【夏】(なつ) 150
【名前】(なまえ) 151
【成金】(なりきん) 152
【ナルシシスト】(narcissist) 152
【ナレーション】(narration) 152

に

【ニート】(neat) 153
【日記】(にっき) 154
【日本語】(にほんご) 154
【日本人】(にほんじん) 154
【人間】(にんげん) 154

ぬ

【ぬいぐるみ】 155
【ヌードデッサン】(nude drawing) 156
【抜け道】(ぬけみち) 156
【抜け目のない】(ぬけめのない) 156
【塗り潰す】(ぬりつぶす) 156

ね

【ネガティブ】(negative) 156
【ネクタイ】(necktie) 157
【猫】(ねこ) 159
【鼠】(ねずみ) 160
【寝タバコ】(ねたばこ) 160
【熱中症】(ねっちゅうしょう) 160
【眠れる獅子】(ねむれるしし) 160
【年賀状】(ねんがじょう) 160
【年金】(ねんきん) 161
【年長者】(ねんちょうしゃ) 161
【年齢】(ねんれい) 161

の

【脳】(のう) 161
【ノート】(note) 161

【ノーベル賞】(のーべるしょう)……162
【上り坂】(のぼりざか)……163
【飲み明かす】(のみあかす)……164
【乗り物】(のりもの)……165

は

【バイリンガル】(bilingual)……168
【蝿】(はえ)……168
【破壊】(はかい)……168
【葉書】(はがき)……168
【爆買い】(ばくがい)……169
【博打打ち】(ばくちうち)……171
【白熱電球】(はくねつでんきゅう)……172
【バスフィッシング】(bass fishing)……173
【初デート】(はつでーと)……174
【ハネムーン】(honeymoon)……174
【早起き】(はやおき)……174
【一四〇文字】(ひゃくよんじゅうもじ)……174
【春】(はる)……174
【バレンタインデー】(valentine's day)……175
【ハロウィン】(Halloween)……176
【反省文】(はんせいぶん)……177
【パンダ】(panda)……178

ひ

【ビール】(beer)……179
【悲劇】(ひげき)……180
【ビジネス】(business)……181
【美女】(びじょ)……181
【非常ボタン】(ひじょうぼたん)……181
【一目惚れ】(ひとめぼれ)……181
【ビニール傘】(びにーるがさ)……182
【批評】(ひひょう)……183
【美容師】(びようし)……183
【平等】(びょうどう)……183
【表面張力】(ひょうめんちょうりょく)……183
【平社員】(ひらしゃいん)……183

ふ

【夫婦喧嘩】(ふうふげんか)……184
【吹き替え】(ふきかえ)……185
【複利】(ふくり)……187
【富士山】(ふじさん)……188
【腹筋運動】(ふっきんうんどう)……189
【不定休】(ふていきゅう)……190
【不平等】(ふびょうどう)……190
【不満】(ふまん)……190
【不滅】(ふめつ)……190
【冬】(ふゆ)……190
【武勇伝】(ぶゆうでん)……191
【プレゼンテーション資料】(ぷれぜんてーしょんしりょう)……193
【プロレス】(professional wrestling)……194
【文豪】(ぶんごう)……195

へ

【閉所恐怖症】(へいしょきょうふしょう)……196
【兵馬俑】(へいばよう)……196
【平和】(へいわ)……196
【返還】(へんかん)……196
【便器】(べんき)……197
【便所】(べんじょ)……198
【ベンチ】(bench)……199

ほ

【芳香剤】(ほうこうざい)……199
【亡命】(ぼうめい)……199
【ボーナス】(bonus)……199
【ボールペン】(ballpoint pen)……200
【ボクシング】(boxing)……201
【墓穴】(ぼけつ)……203
【保険会社】(ほけんかいしゃ)……204
【誇り】(ほこり)……204

【埃】(ほこり)……204
【ポジティブ】(positive)……204
【保身】(ほしん)……204
【墓石】(ぼせき)……205
【ポテトチップス】(potato chips)……206
【本気を出す】(ほんきをだす)……207
【凡人】(ぼんじん)……207
【本文】(ほんもん)……207
【本命】(ほんめい)……207

ま

【間】(ま)……210
【埋蔵金】(まいぞうきん)……210
【まえがき】……003
【負けず劣らず】(まけずおとらず)……210
【真面目】(まじめ)……210
【マスコミュニケーション】(mass Communication)……211
【真に受ける】(まにうける)……213
【マネキン】(まねきん)……214
【瞼】(まぶた)……215
【ままごと】……215
【マリッジブルー】(marriage blue)……215
【〇×問題】(まるばつもんだい)……215
【漫画家】(まんがか)……216

み

【未完】(みかん)……217
【見応えのある】(みごたえのある)……219
【ミサイル】(missile)……220
【水掛け論】(みずかけろん)……220
【水と油】(みずとあぶら)……220
【道】(みち)……220
【ミネラルウォーター】(mineral water)……221
【未来】(みらい)……222

む

【無関心】(むかんしん)……223
【無限大】(むげんだい)……223
【虫籠】(むしかご)……223
【息子】(むすこ)……223
【娘】(むすめ)……223
【無節操な】(むせっそうな)……224
【矛盾】(むじゅん)……224
【無知】(むち)……224

め

【名案】(めいあん)……224
【名声】(めいせい)……224
【目覚まし時計】(めざましどけい)……225
【目覚め】(めざめ)……226

も

【儲ける】(もうける)……226
【盲腸】(もうちょう)……226
【目標】(もくひょう)……226
【餅】(もち)……226
【持ち上げる】(もちあげる)……227
【紅葉】(もみじ)……228
【桃太郎】(ももたろう)……229
【モルモット】(guinea pigs)……230

や

【焼肉】(やきにく)……232
【焼き餅】(やきもち)……233
【野球場】(やきゅうじょう)……234
【約束】(やくそく)……235
【野党】(やとう)……236

ゆ

【遺言書】(ゆいごんしょ)……238
【憂鬱】(ゆううつ)……239
【優越感】(ゆうえつかん)……240
【誘拐】(ゆうかい)……240
【勇敢】(ゆうかん)……240
【勇気】(ゆうき)……240
【有給休暇】(ゆうきゅうきゅうか)……241

よ

【友情】(ゆうじょう)……241
【優先座席】(ゆうせんざせき)……241
【指輪】(ゆびわ)……241
【腰痛】(ようつう)……242
【世が世なら】(よがよなら)……242
【欲張る】(よくばる)……242
【欲望】(よくぼう)……242
【予言する】(よげんする)……243
【横文字】(よこもじ)……243
【酔っ払い】(よっぱらい)……243
【与党】(よとう)……243
【夜泣き】(よなき)……244
【余白】(よはく)……245
【予防接種】(よぼうせっしゅ)……245
【余裕】(よゆう)……245
【喜び】(よろこび)……245
【弱腰】(よわごし)……245

ら

【拉麺】(らーめん)……248
【来世】(らいせ)……249
【裸眼】(らがん)……250
【落日】(らくじつ)……251
【落選】(らくせん)……252
【ラストオーダー】(last order)……253
【裸体】(らたい)……254
【乱心】(らんしん)……254

り

【陸】(りく)……254
【離婚】(りこん)……254
【理想】(りそう)……254
【リドル・ストーリー】(riddle story)……255
【履歴書】(りれきしょ)……256
【理路整然】(りろせいぜん)……257
【リングサイド】(ringside)……257
【林檎】(りんご)……257

る

【類義語】(るいぎご)……257
【涙腺】(るいせん)……259
【ルール】(rule)……260
【留守】(るす)……260

れ

【霊安室】(れいあんしつ)……260
【例外】(れいがい)……260
【歴史】(れきし)……260
【レタス】(lettuce)……261
【列車】(れっしゃ)……262
【レディーファースト】(lady First)……264
【恋愛】(れんあい)……264
【練習】(れんしゅう)……264

ろ

【老後】(ろうご)……264
【老人ホーム】(ろうじんほーむ)……265
【蝋燭】(ろうそく)……267
【六法全書】(ろっぽうぜんしょ)……268
【ロマン】(roman)……269
【論破】(ろんぱ)……270
【論理的】(ろんりてき)……270

わ

【賄賂】(わいろ)……270
【和解】(わかい)……270
【若葉マーク】(わかばまーく)……271
【脇役】(わきやく)……272
【罠】(わな)……272
【割り勘】(わりかん)……272
【悪口】(わるくち)……272
【ワンパターンな】(わんぱたーんな)……272
【腕力】(わんりょく)……273
【ワンルームマンション】(one-room apartment)……274

言葉の見方が自由になれば、人は自由になれる

「筆者がこの作品を通して伝えたいことは何ですか?」

小学校の国語のテストに出てくるこの問題を見たとき、はじめて言葉に堅苦しさを感じた。物語を読んで持つ感想は人それぞれなのに、作者でもなければ、作者に会ったこともない出題者に「この作品はこう読みなさい」と決めつけられているように感じたのだ。作品について考えたり、それを人と共有したりすることは素晴らしいことだが、そこに正解、不正解という概念を持ち込んで欲しくなかった。

一方で、言葉をとても尊い存在だとも思ってきた。言葉がなければ、人と意思疎通を図ることはおろか、自分の頭の中で考えることもできないからだ。人は言葉を生

み出し、使いながらも、言葉なしでは生きられない。人は言葉であり、言葉は人なのだ。

言葉の意味が明確で、他者と共通していることが大切なことに異論はない。私自身も書き手として、編集者として、可能な限り正しく言葉を使うように努めてきたつもりだ。だが、たまには言葉の定義から離れ、違う角度から言葉を見ていただきたい。そこにはきっと辞書を引くだけでは知ることのできない新しい一面が見えてくるはずだ。

一個人が世界を変えるのは簡単なことではない。だが、言葉の見え方を変えれば、世界の見え方はいくらでも変わる。そして、世界の見え方が変われば、自分の生き方も、人生も変わってくるはずだ。言葉に自由を与えれば、言葉は自由をもたらしてくれる。言葉の捉え方にも人の生き方にも、正解や不正解はないのだから。

2018年11月　中村 徹

［あとがき］　本の巻末に付属された作者の言い訳。

日本一ロマンチックな辞典ができました。

「ロマンス」というまったく新しい切り口による
505単語を収録。描き下ろしイラストを131点収録！
読んでも、眺めても、ページをめくるだけでも楽しめる、
プレゼントにも最適な一冊。

<ロマンス的視点>
505単語
掲載！

【思い出】
心に飾られた永遠に色褪せないドライフラワー。

【ウエディングドレス】
この世でもっとも美しく引きずられる幸福な装い。

【刹那】
(一) 仏教における時間の最小単位。指を一度弾く間に60～65回の刹那があるとされる。
(二) 人が恋に落ちるのに十分すぎる時間。

【初恋】
人生という書物において、誰もが栞を挟んだままのページ。

『ロマンスの辞典』
著・望月 竜馬（もちづき りゅうま）
絵・Juliet Smyth
（ジュリエット スミス）
1600円＋税
四六判ハードカバー／288p
978-4-909842-01-5・C0095

中村徹
(なかむら・とおる)

編集者・ライター。高知県出身。大学でコミュニケーション学を専攻。出版社勤務を経て、2018年11月に出版社・遊泳舎を立ち上げる。変わりゆく時代のなかで、既成概念にとらわれず、柔軟で新しい発想の本づくりを行う。座右の銘は「真面目に遊ぶ」。

Yunosuke
(ユーノスケ)

イラストレーター／グラフィックデザイナー。広島県出身。都内在住。雑誌書籍のイラストレーションをはじめ、ショップ・企業ののロゴ、グッズのデザインなどイラストとデザインの両面から幅広く活動中。

YUEISHA DICTIONARY

悪魔の辞典

The Devil's Dictionary

2018年12月24日　初版第1刷発行
2020年 2月14日　　第3刷発行

著

中村徹

原案

アンブローズ・ビアス

イラスト

Yunosuke

デザイン

山本洋介、大谷友之祐
(MOUNTAIN BOOK DESIGN)

悪魔的助言者

望月竜馬

発行者 ：中村徹

発行所 ：遊泳舎

〒180-0022
東京都武蔵野市境4-1-21　第一平和荘7号室
TEL/FAX：0422-77-3364
URL：http://yueisha.net
E-MAIL：info@yueisha.net

印刷・製本：シナノ印刷株式会社

Printed in Japan　ISBN 978-4-909842-00-8　C0095